JN107466

成功する DX 失敗する DX

形だけのデジタル・トランスフォーメーションで滅びる会社超進化する会社

兼安 暁

彩流社

はじめに

　最近、多くの人とZoomなどのオンライン会議システムでコミュニケーションをする機会が増えました。これまでも海外の顧客やパートナーたちと会議を行うときに利用してはいたのですが、あくまでも一部の人に限られていました。しかし、新型コロナウィルスの流行により在宅勤務が推奨された結果、仕事でもプライベートでも多くの人がこれらのオンライン会議システムを利用し始めるようになったことで、普通になったように思います。

　1カ月以上も外出してコミュニケーションすることができなくなると、プライベートな飲み会ですらも、オン飲み（オンライン飲み会）に変わっていきました。オン飲みに参加するまでは、「楽しいはずがない」と思い込んでいたものの、やってみると意外に楽しいものです。

　在宅勤務が推奨され始めた3月には、「家で仕事なんてできるわけがない」という声がとても多かったと記憶しています。

　自宅のネットワーク回線の容量に限りがあるとか、学校が休みになったために、子どもたちが自宅で騒がしいなどの理由もありましたし、そもそもパソコンの画面越しで会議が成立するなんて、多くの人は信じていなかったと思います。

　しかし、5月に感染の拡がりが収束し、6月から徐々に出勤が解禁され始めたとき、「もうラッシュアワーの電車通勤に戻りたくない」という声とともに、こんな声がたくさん聞こえてきませんでしたか？

「仕事するのに、会社に行かないとできない理由って何？」

　2020年1月に中国武漢からあっと言う間に世界に広がった新型コロナウィルスが、日本でも感染が広がり、人が集まるところには休業要請が出たことにより、図書館や市民プールなどの公共施設はもちろん、スポーツやコンサートなどのイベントや、スポーツジムやライブハウス、クラブや風俗店などの夜の店は閉まり、多くの飲食店も店頭でお弁当を販売する以外の営業ができなくなり

ました。

　5月には、企業も、国から在宅勤務が推奨され、空港はゴーストタウンのようになり、電車に乗る人は極端に減り、道路で渋滞を見かけることもなくなりました。6月になり自粛要請が徐々に緩和され始めた後も、まだ在宅勤務が続いている企業は少なくありません。

　これを書いている2020年7月上旬にあっても、日本でも海外でも感染者は増加傾向にあり、海外に渡航することはできず、夜の街に繰り出すことはもちろん、居酒屋で宴会をしたり、マスクをせずに外出したり、県境をまたぐ移動をしたりすることに、世間の冷たい目が注がれます。

　どの国でも、移動だけでなく経済活動が制限され、世界経済は血流が止まってしまった動物のように、瀕死の状態になっています。

　アメリカでは、1929年から起こった世界大恐慌以来の失業率となっています。失業率が今年1月の水準までに下がるまでには、10年はかかると多くのエコノミストが予想しています。一足早く感染の拡大を収束させた中国ですら、多くの失業者が再び職を得ることができずに社会問題になりつつあるといいます。

　そんな経済状況にもかかわらず、業績を急激に伸ばした企業はあります。それは、ネット通販にチカラを入れていた企業、オンラインでサービスを提供しているZoomやNetflix、eSportsなどのオンラインゲーム、宅配サービス等です。

　これらの事業の多くは、宅配を除けば、デジタルでビジネスが完結するという特徴を持っています。デジタルへのトランスフォーメーションを意識していなくても、すでに事業がデジタル化しているビジネスは、今回の新型コロナウィルスの流行下であっても、業績を伸ばしています。

　一方で、外出制限や営業自粛要請などで仕事を失った人たちの中には、オンラインの中で突破口を見つけ始めた人もいます。

　全国の物産展が中止になったり、多くの飲食店が休業してしまったりしたために、流通が止まってしまった食料の生産者や卸売り業の人たちが在庫を廃棄せずに現金化する方法として、フェイスブックグループ等を介して直接消費者とつながる動きが出始めています。

　また、地方でお祭りやフリーマーケットなどのリアルなイベントの企画や運

営の仕事をしていた人たちは、生き残りをかけて、オンラインイベントの開催を模索し始めています。

　どちらも、まだまだ失った売上を取り戻すほどのマネタイズは実現できていないと思いますが、この動きはウィルスの流行が完全に収まったとしても、続くはずです。そして、この2つの動きは思いがけない価値を世の中に生み出しました。

　それは、

　これまで地理的な距離がもたらしていた交流の壁が、突然なくなった

　ということです。

　これまでは、新たなヒトとのつながりは、東京のような大都市に出ていかないと得られないというのが常識でした。しかし、多くの地方在住者が、3月以降急速に開催されているさまざまなオンラインイベントに参加するようになり、東京に行かなくても東京の人たちと知り合いになれたり、東京以外の日本全国の地方在住者の人たちと知り合いになれたりすることが分かりました。これはコミュニケーションのデジタル化がもたらした価値です。

　ここで、あなたに質問があります。

　あなたは、この感染をきっかけとして、身近な生活にデジタル・トランスフォーメーションが起こっていることに気づいていますか？

　そして、あなたは、あなたの企業は、その社会モデルの変化に合わせて変化しているでしょうか？

　デジタル・トランスフォーメーション（DX）の必要性が言われ始めたのは2015年頃の米国です。日本でもそこから徐々に知られるようになりましたが、広く知られるようになったのは、経産省がDXレポートを発表した2018年がきっかけではないでしょうか。

　デジタル・トランスフォーメーションは、デジタル変革と訳されることが多く、私もその訳を使うことが少なくありませんが、ここでいうトランスフォー

メーションの意味は、芋虫が蛹になり、蝶になるような、まるで違うものに変化することを意味します。日本では変態という言葉になりますが、別の意味を連想するために使われづらいために、変革という言葉が使われています。

　一般には、DXは、デジタルでビジネスモデルを変えることと定義されることが多いですが、上記の形を変えるという文脈で考えると、企業そのものをデジタル化するということなのかもしれません。企業がデジタル化すると、ビジネスモデルも大きく柔軟に変えることができるようになります（デジタル化のメリットは、10章に整理しました）。

　本書は、実際に企業のDXを進めていかなくてはいけない以下のような方々のために書いています。

・企業のオーナー、役員
・会社からDXを任された管理職
・DXチームに配属された方
・情報システム部の方
・ITコンサルタント
・SI企業の営業、SE

　特に、会社の運命を背負う覚悟で、会社を変革するリーダーとなる人には、ぜひともご一読いただきたいと思っています。

　前著、『イラスト＆図解でわかるDX（デジタル・トランスフォーメーション）』では、それまでにDXについて解説されている書籍の多くが、現状の世界観のままにビジネスをデジタル化することに主眼を置いていたことに対し、ゴールが間違っていることを理解していただくことに主眼を置いてきました。そのため、DXを行うための具体的なアプローチではなく、デジタル技術の発展の延長上で、今後10年間で世の中がどう変わっていくのか、それがいかに速く進んでいるのかについてお伝えしました。

　おかげさまで、「入門書らしく分かりやすく、それでいて内容が充実している」等の嬉しい評価をいただいております。

本書でもその主張は変わりませんが、重複するので、その部分は全12章のうち、わずか1章に簡潔に集約しています。

　一方で、前著では書ききれなかった、企業がDXに取り組むうえで大切なことを、戦略的な位置づけから、具体的なアプローチまで、に主眼を置いています。

　IT戦略のコンサルタントとして、あるいはITアーキテクトとして、長年この業界に携わり、ほとんどすべての業界を対象に、戦略レベルからIT化はもちろん、ITとは無縁のアナログ的な解決方法まで携わってきました。このような経験から、DXがこれまでのIT革命とかICT化として、情報システム投資で終わってしまうことのないよう、企業にとっての戦略的な視点から、DXに取り組む上で皆がぶつかるだろう課題や悩みについて深堀し、その解決の糸口になりそうな考え方をまとめています。

　本書は4部構成になっています。

　第一部では、DXの本質的なことを理解してもらうことに主眼を置いています。企業の置かれている状況と、その中でDXが戦略的にどのような意味を持っているのかについて理解をしているかどうかは、成功と失敗の分水嶺となります。

　世の中が大きく変わる中で、それが企業を取り巻く環境にどのように作用するのか。それが戦略的にどのような意味があるのか？　それを前提としたときに、戦略的にDXをどのように位置づけるのか、について紹介しています。

　第二部では、これから激変していく新しい世の中で生き抜いていくために、企業はどうするべきなのか？　どんな事業を展開していくべきなのか？　という攻めのDXに主眼を置いています。

　新しい世の中を創る側に回るために必要な知識として、新しいビジネスを創る場合の事業機会の見つけ方、組織・プロセスの作り方。どんな具合に事業が成長していくのかなどを紹介しています。

　第三部では、新しいビジネスではなく、いまの事業をDX化する場合について紹介しています。いわば守りのDXとなります。多くの企業は、これしか考

えていないのかもしれませんし、DXをこの枠の中で考えている人が多いと思います。

　新規事業よりも簡単そうで、実は重い足かせを引きずりながらの変革となるため、非常に困難であることを知っていただいた上で、具体的な内容やステップについて紹介しています。

　第四部は、第一部から第三部までを統合したまとめ、総括となります。

　最後に、私にこのような考え方ができるように、過去いろいろとご指導くださった諸先輩方や、同僚たち、現在および過去に携わらせていただいたお客様に、感謝の気持ちをお伝えして、いよいよ本編に移らせていただきます。

第一部
DXの戦略的意味

第1章：10年後の世界をゴールとすると……

　デジタル・トランスフォーメーション（ＤＸ）は、デジタル変革と訳されることが多く、私もその訳を使うことが少なくありませんが、ここでいうトランスフォーメーションとは、芋虫が蛹になり、蝶になるような、まるで違うものに変化することを意味します。日本語では、変態という言葉になりますが、別の意味が連想され使われづらいために、変革という言葉が使われています。

　一般には、ＤＸは、デジタルでビジネスモデルを変えることと定義されることが多いですが、上記の形を変えるという文脈で考えると、企業そのものをデジタル化するということなのかもしれません。企業がデジタル化すると、ビジネスモデルも大きく柔軟に変えることができるようになります。

　この第一部では、ＤＸが企業を取り巻く環境をどのように変えていくのか、戦略的にどのような意味があるのかについて考えていきます。

◆ "過去"を"現実"と思っていないか

　デジタル・トランスフォーメーションによって、企業を変えていくにあたり、単純に現在の延長で考えがちですが、本当にそれでよいのでしょうか？

　いま、世の中はものすごい勢いで変わっています。世の中が大きくデジタル化しているといっても過言ではありません。なんども繰り返しますが、世の中の"現実"は大きく変わっています。一方で、あなたやあなたの周囲の人々にとっての"現実"は、数年前〜数十年前に得た情報や体験から作り上げられた"現実"ではないでしょうか？

　しかし、それは"現実"ではなく、"過去"です。

　ＤＸは、企業や社会がデジタル化していき、それによってビジネスモデルを変えることです。それは、あなたの会社だけでなく、日本企業だけでもなく、グローバルで同時に起こっています。さらにはあらゆる社会の側面で劇的な変化が起こっています。当然、企業を取り巻く経営環境も大きく変わっています。

　したがって、企業がＤＸに取り組む際に目指すゴールは、現在の延長ではあ

りません。グローバルでDXが進んだ未来こそが、個々の企業が目指すべきDXのゴールなのです。そうでなければ、着地したところは、誰も住んでいない"過去"の世界になってしまいます。

ところでゴールと言いましたが、実はゴールは永遠にありません。いつがゴールというのがないからです。しかし、それではDXはやりづらいので、マイルストーンを設定し、そこへの目標をゴールとして進みます。

そこで、この章では、10年後の世界をゴールとして、世の中がどうなっているかを想像してみたいと思います。

1 ◆ AIが無料になる時代

10年後の2030年の世界を想像してみましょう。現在、未来を想像するときに欠かせないテクノロジーとして真っ先に思い浮かぶもののひとつはAI（人工知能）です。残念ながら、現在のAIは人間の脳を代替するには程遠いレベルですが、それでも多くの企業がAIに投資しています。

そして、今回のCovid-19のパンデミックによって、世界中で人と人との直接的な接触を避ける必要が出てきたことによって、経済活動が止まり、ほとんどの人や組織、そして国の財政を壊滅的に破壊してしまったという事実。そして今後も第二波、第三派が襲ってくる可能性があり、その度にまた経済活動が止まり、さらなる資金の流出が予想されます。

そんな中、デジタル化とAI化はますます注目を浴び、傷んだ中でも残った資金がAI研究・AI開発につぎ込まれることでしょう。

◆AIへの投資はここ数年で劇的に増加

たとえば、今回のウィルス感染の広がりと各国での医療崩壊を受けて、医療の遠隔診断のみならず、AIによる診断が加速し始めています。米国では、患者のみならず医療従事者からもCovid-19に関する相談を受け付けるために、音声自動応答装置（IVR）とチャットボットが、連絡をしてきた人々にいくつかの質問をするだけで、AIがCovid-19に感染しているかどうかをスクリーニングするシステムを導入しました。

中国の百度（Baidu）は個々人の発熱を群衆の中でも見つけ出すAIを開発していて、北京の鉄道駅に設置したことにより、駅員がリスクを冒してトリアージする必要がなくなりました。フロリダでは、入り口に置かれたカメラで、患者の顔から体温だけでなく、汗や顔色もスキャンすることで、発熱しているかどうかを判断するAIシステムを導入しました。

　スクリーニングだけではありません。欧州ではCTスキャンの画像から異常を見つけ出す診断サポートにAIを使って、診断に必要な人材不足を補いました。

　武漢では、患者に接続した体温計と腕に巻いたデバイスで自動的にバイタルサインをモニターし、AIロボットがクスリや食事を患者に届けることで医療従事者への感染を防ぎ、サポートする労働者の負荷を減らしました。

　このように今回のパンデミックは、AIの必要性を際立たせ、その効果と必要性を多くの人が実感したことでしょう。医療分野に限らず、AIへの投資はここ数年で劇的に増えるはずです。

◆変わるAIの開発環境

　一方で、AIの技術者は需要に比べて非常に限られています。そのため、AIエンジニアは非常に貴重で、大学院修士課程の学生ですら、1年目から年収数千万円でオファーされるような状況と言われています。

　ただし、そのようにAIエンジニアが重宝される時間は、長くは続かないかもしれません。

　後述しますが、テクノロジーは時間とともに限界コストがゼロに近づいていきます。そして、ビッグデータとそれを使った機械学習（AIモデルを開発する技術／工程）は、いまはまだ高価ですが、それでも徐々に価格が下がる傾向が見えてきています。

　AWS（Amazon Web Service：アマゾンが提供するクラウドサービス）やAZURE（マイクロソフトが提供するクラウドサービス）、Google Cloudを提供している大手3社は、それぞれAIのプラットフォームをラインアップに加え始めました。これにより、これまではAIを開発するためには高価なツールを購入する必要があったものが、格安で環境を手に入れられるようになります。

　これまでこの3つのクラウドサービスが提供してきたサービスと同様に、こ

れらのAIの開発環境（プラットフォーム）も、3社間の競争による効果も働いて、ますます充実した使いやすいものになっていくはずです。そして、価格もますます下がっていくことでしょう。

　そうなったとき、AIモデルを開発すること自体はそれほど難しくなくなり、価格も安価になっていくでしょう。その時に競争優位性を決めるのは、AIに読み込ませるデータの質と量になってきます。

　さて、AIモデルが無料に近い金額で作れて使えるようになったら、世の中はどう変わるでしょうか？　あなたの会社では、何をAI化しますか？

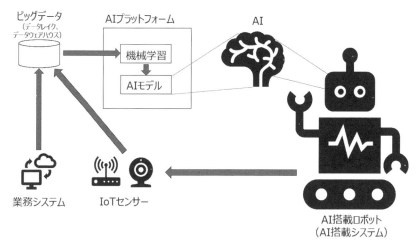

図：AIのしくみ

◆AIにもレベルがある

　それを考える前に、AIでどんなことができるのかを考えていきたいのですが、その前に知っておくことがあります。

　実は、AIにもレベルがあって、人間に近い複雑なことができる高度なものほど、無料に近づく時期はかなり先になります。現在のAIモデルは機械学習させたものを、AIモデルとして完成させ、システムの中に埋め込んで利用するのがほとんどです。AIモデル自体が新たに発生したデータを取り込んで、深層学習（ディープラーニング）によってモデルを深化（強化学習）させるレ

ベルは、まだ難易度が高く、実現しているところは少ないようです。

　深層学習とは、機械学習の一種ですが、モデル作成工程も無人で行うところに違いがあります。通常の機械学習がデータのどの部分が結果に大きく影響するのかを人間が行い、その後にデータを読み込ませて学習させるのに対して、深層学習ではコンピュータ自らが学習データから特徴量を抽出し、それに合わせてデータを読み込んで学習していきます。

　そして、強化学習（Reinforcement Learning）とは、AIモデルが新しいデータを次々と読み込んでいき、モデルを常にアップデートしながら稼働し続けるタイプのAIモデルのことを指します。

　現在のAIモデル化のほとんどは、一般的な機械学習で作られているため、現実世界の変化に合わせて、定期的に新しいデータを使って、人間がモデルを再教育する必要があります。

◆AIは何が得意なのか？

　次に、一般的な機械学習モデルで作られるAIでどんなことができるのかを考えていきましょう。

　AIは、単純に人間の頭脳をシステムに置き換えるだけだと考えられがちですが、そうとは限りません。実は、人間ができないこと、あるいは人間よりも得意なことがあります。

　たとえば、大量データに基づく瞬時の判断は、人間ではできません。カーナビなどの最適ルート計算で、現在のクルマの位置と進行方向・速度、ならびに各交叉点の信号機の赤・青の設定値などから、取り得るルートすべての交通量予測を行い、その中で最適なルートを探すといった高度なことは、人間では不可能です。

　また、人間は忘れますが、AIは忘れません。過去の経験ややり取りをすべて覚えた上で、それと矛盾するデータがあれば、重みづけをして、判断してくれます。過去の情報を鮮明に覚えているため現在の情報と比較するのも得意です。したがって、一貫性のある行動が可能になります。これは、不良品検知やCT画像から癌を見つけるなどの画像診断に向いています。

　さらには、正誤判定やマニュアルにしたがって判断するような業務にも向い

ています。Covid-19の陽性が疑われる患者のスクリーニングを音声自動応答装置やチャットボットにAIを繋げることで実現した先の例のように、通常の企業でもコールセンターの一次受付業務に活用することができます。

単に機械的に選択肢を示して誘導するだけでなく、あたかも人間が応対しているかのようにチャットボットが応対する試みも、いくつかの企業で行われています。

幅広い過去データから、何らかの傾向を見つけて、次に起こり得る事象の確率を導き出すことも得意です。これは、金融機関が個人や法人に貸付をする際の貸倒リスクの算定や、自動車保険のリスク算定に利用されます。

機械の中に設置されたセンサーによって測定される温度や湿度、振動の具合などのデータをインプットして、機械の故障を予兆することもできます。GEは、この技術を使って、航空機エンジンの故障を前もって知ることで、フライトに穴を開けずにエンジンを修理することを可能にしました。それによって、エンジンメーカーから、"止まらない航空機の動力"を売るサービス企業にビジネスモデルを変更することができました。

これに加えて、手書き文字のデジタル化や音声認識・書き起こし、多言語への自動翻訳なども、文脈の理解と併せてモデル化することで、可能になります。

最後に忘れてはいけないことがあります。AIはシステムなので、基本的には休みは不要です。したがって、24時間365日稼働が可能で、それに対して残業手当や休日出勤手当のような追加コストは不要です。実際には、定期的なメンテナンス作業が必要だったりもしますが、それすらAIを稼働させながら行う技術も進化してきました。

このように、現在の業務の一部をAI化することで、単純労働や人件費が減るだけでなく、これまでできなかったことが可能になってきます。

2◆IoTとデジタルツイン：モノが語り出し、鏡の世界が生まれる

◆IoTが当たり前になる世の中

IoTという言葉を耳にするようになってから、ずいぶん経ちました。IoTという言葉の前には、ユビキタスという言葉で同じことが語られていました。ユ

ビキタスという言葉を耳にするようになってから数えると、かれこれ20年は経っているでしょうか。しかし、身の回りで実際にIoTを見たことも聞いたこともないという人がほとんどではないでしょうか？

IoTは、Internet of Things、つまりモノのインターネットです。モノがどうやってインターネットを使うのかピンとこない人も多いかもしれません。モノがインターネットに繋がることで、モノを無線で動かしたり、モノの状態を知ったりすることができるようになります。

これまでは、機械の点検、故障した部品の特定、ガス漏れや水漏れの点検、建物や橋などの構造物の老朽化の診断など、モノの状態を知るためには、人間がモノの場所まで移動して、直接観察したり、分解してひとつひとつモノを取り出してみたりしなくてはいけませんでした。

モノによっては、それをするのに非常に労力がかかります。しかし、モノ（正確にはモノに付けたセンサー）がIoTに繋がると、モノのほうからみずからの状態を語ってくれるのです。

たとえば、家庭に付けられた電力メーターやガスメーターは、電気やガスの使用量を示してくれていますが、これまでは電力会社やガス会社の職員が月に一回、各家庭に訪問し、メーターを読み取って、本社に持ち帰っていました。本社では、そのメーターの値と前回の値とを比較して、電気代やガス代の請求書を発行していました。

ところが、数年前からこれらのメーターが順々にスマートメーターに置き換えられ始めています。このスマートメーターは、メーターの値を勝手に本社に報告してくれるIoTです。もはや職員が各家庭を訪問する必要はなくなります。そして、これまで月に1回しか読み取れなかったものが、その気になればマイクロ秒単位で測定して本社に送ることもできるのです。

スマートメーター自体のコストがかかるものの、検針のための人件費は大幅に減ります。さらには、月に1回しか確認できなかった電力やガスの消費量が、秒単位で確認できるようになることで、たとえば各家庭で、どの家電のスイッチを入れるとどのくらいの電力が消費するなどが分かるようになり、月額料金を減らすための行動が容易になります。請求の単位も、必ずしも月単位である必要がなくなります。

ところで、スマートメーターも含め、IoT機器を動かすには、電力が必要です。コンセントに接続できるものであればよいですが、そうでない場合には、バッテリーに頼るほかはありません。バッテリーは使い続けると空になります。したがって、IoT機器は、いつかはバッテリーの交換をしなくてはなりません。

もし月に１度はバッテリーを交換しなくてはならないのであれば、たとえばそれがスマートメーターであれば、導入する意味はありません。消費電力を抑えるためには、通信頻度を減らす必要があります。つまり、マイクロ秒単位で測定したとしても、通信は１日１回にするなど通信頻度を減らすことで、バッテリーの交換サイクルを長くする必要があります。

◆５Gの普及が不可欠か

また、IoT機器は、測定した値をクラウドに送信するために、通信ネットワークに接続されていなくてはなりません。これもWi-Fiなどで、家庭の光回線に接続してインターネットに接続できればよいですが、家庭によって光回線やWi-Fiを設置していなかったり、設置していたとしても、ルーターの設定方法が異なったりするために、いちいち家庭に訪問して設定しなくては使えないのでは、なかなか普及できません。

次の選択肢は４Gや５Gの無線回線を使う方法です。４G回線を無数のモノがIoTで利用し始めると、あっという間に帯域が埋まってしまいます。したがって、５G回線が期待されています。しかしながら、しばらくの間は、５G回線の価格が高いこと、５G回線用の無線通信デバイスも高価なことから、これらが広く普及して安価になるまでは、IoTの普及はほとんど進まないかもしれません。

◆インターネットが無料になる日

一方で、通信速度が安価になる別の方法もあります。LPWAです。LPWAは、Low Power Wide Area Networkの略で、低消費電力、低ビットレート、広域カバレッジを可能にする無線通信技術です。Bluetoothなどは近距離（数十メートル程度）しか届きませんが、LPWAであれば数kmから最大50kmまで届きます。これらは、通信容量が小さいために、大きなデータは遅れませんが、メー

ターの値のように数バイト（1バイトは半角文字1文字）が通信できれば用が足りるのであれば、LPWAも十分候補に入ってきます。

　これらは、携帯電話の電波と同様に総務省による免許が必要な規格（Cat. NB1等）もあれば、SigfoxやLoRaのようにライセンスが不要な規格もあり、このようにライセンスが不要な規格は安価で利用できます。（Sigfoxの場合、年100円〜）

　また、現在イーロン・マスク率いるスペースXが計画しているスターリンクは、1万2000基の低軌道衛星を打ち上げて、地球の全域をカバーする衛星インターネット網を張り巡らそうとしています。2026年に完成することを目標としていますが、まだインターネットに接続できていない地域に住む40億人が、これからインターネットに接続できるようになるプラットフォームとして、大いに期待されています。

　このようなアフリカの辺境地など、経済力のない人々にもインターネット接続の門戸を開くということは、格安の通信料でサービスを展開する可能性があります。また、地球上どこでも同じ周波数・規格でアクセスできるため、IoT機器も大量生産が期待でき、安価にすることができるのではないかと期待できます。

　通信料が無料に近づけば、IoTは劇的に普及し、あらゆるモノが通信を始めるようになるでしょう。

◆人工衛星の価格が下がっていく

　人工衛星といえば、かつては1基打ち上げるのにも何十億円もかかりました。いまでも、たとえば2016年11月に打ち上げに成功した静止気象衛星ひまわり9号は、2014年に打ち上げられたひまわり8号と合わせて、衛星制作費用が340億円、打上げ費用は210億円かかっています。1基あたりだと製作費170億円、打ち上げに105億円と合計275億円もかかっています。

　ひまわりのような1基あたりのカバー範囲が広く高高度（36,000km）の静止衛星となると、制作費は高額になり、さらに衛星打上げ費用も衛星の大きさと高度に比例するために高くなりがちです。

　一方で、アマゾンやスペースXが目指す低軌道衛星は、カバー域は狭くなり

ますが、通信速度は高速かつ遅延が少なく、1基の大きさは小さいものでは10
㎤で、重量が5kg以下の超小型衛星を打ち上げることができます。高度も低
いのでロケットの性能も低くて済みます。

　このような衛星を打ち上げるロケットの打ち上げコストは次々に下がってい
ます。これまでのロケットは1回の打ち上げに100億円以上かかっていました。
それがスペースX社のロケットはロケットの再利用を可能にすることで60億円
と1桁減らしました。

　さらには、Rocket Lab社はエンジンを3Dプリンタで制作することで、1回
の打ち上げを6億円まで下げることができています。このロケットには小型衛
星を6基積めるため、衛星1基あたりの打ち上げコストは1億円になります。

　つまり、いまや人工衛星は1億円程度で打ち上げられるのです。これらの衛
星は、通信衛星として活用されるだけでなく、多様な周波数を扱うことにより、
地下鉱脈や地下水脈を探ったり、農作物の収穫期や疫病の拡がりを空から判断
したりすることにも使われています。

　道路を走行しているクルマを数えたりすることもできますし、石油タンクの
空き具合を判断することもできます。モノによってはIoTセンサーをひとつず
つ設置していくよりも、はるかに効率が良く安価にできるものもあるでしょう。

◆IoTが張り巡らされた世界

　そのようにしてあらゆるモノがIoT機器となり、みずからの状態を発信する
ようになると、私たちの生活はどのように変わるでしょうか？

・ホームセキュリティ、介護

　家の中にカメラや人感センサーを設置することにより、遠隔にいる年老いた
家族や、子どもたちだけで留守番をさせている子どもたちの様子を確認したり、
空き巣を予防したりすることが容易になります。ストーカー防止にも役立つで
しょう。

・交通量調査

　役所が道路計画を立てるとき、あるいは小売店が新規出店場所を決める際に、

交通量や通行量の調査を行いますが、これまでは測定する場所と時間をサンプリングして人手で測定し、その結果に頼る意思決定は、あくまでも統計的手法に頼らざるを得ませんでした。

　統計は、事実を平均化してしまうために、大まかな傾向しかわかりません。これからは、IoTセンサーのデータや衛星の映像を入手して、解析することで、通行者ひとりひとり、通行車両一台ずつ数えることができるようになり、より精度の高い分析が行えるようになります。

・故障しない社会インフラ

　さまざまな機器の中にIoTセンサーを設置することができれば、機械の部品の状態を長期間細かく知ることができます。世の中に出回っている機械のすべての状態が手に取るようにわかるようになります。

　仮に、ある機械が故障したとすると、その故障が発生する前に、IoTセンサーから送られてきたデータを、他の正常な機械のデータと比較することで、故障のきっかけとなるデータの兆候をつかむことができるかもしれません。その兆候がわかれば、次に別の機械に付けられたセンサーから送られてきたデータに同じような兆候が現れたときに、いつ頃どんな故障が起こるのかを予兆できるようになります。

　予兆ができるようになれば、重要度に応じて、故障が起きる前から修理・交換の準備を始められるようになり、故障している期間を短くすることが可能になるでしょう。

　信号機や送電設備など、社会インフラを支える機械が故障している状態が短くなることで、世の中はより安全になり、インフラ維持コストも下がっていくでしょう。

◆デジタルツイン

　エネルギー消費量や生産量のシミュレーション、交通量や渋滞の予測、複数のクスリを同時に服用したときの血液成分や病原菌への影響のシミュレーション等、現実世界のデジタル版のコピーがあることで、さまざまな予測が可能になります。

さらには、自動運転車のように、それをAIと組み合わせることで、いま起こった事象をもとに瞬時に未来の予測値が再計算され、リスクを軽減するアクションを自動的に取るように機械が変わってくるでしょう。

　IoTが普及すると、モノを遠隔で監視・制御するニーズが生まれます。IoTセンサーが読み取ってクラウドに送信するデータが、モノの本質を網羅的に捉えることができるようになると、現実世界のモノのデジタル版コピーが作成できるようになります。

　たとえば、走行しているクルマの各パーツの温度や湿度、振動、圧力などが、毎秒部品に負荷をかけているとしたら、各パーツについて、そういったデータが見えることで、故障や事故を未然に防ぐことができるでしょう。

3◆健康と医療、リバースエイジング

◆ヒトのデジタルツイン

　10年後には医療も変わってくるでしょう。前述したように、病院に行かずに診断を受けられるオンライン診療は、世界中で始まっています。日本の医師会はパンデミックによる非常時だけの暫定的な対応としていますが、第二波、第三波が予想される中、オンライン診療を前提とした医療システムの見直しは避けられない状況になっています。

　さらには、ベテラン医師の高齢化による医師不足と、高齢者増加による患者の増加は、AIによる診断サポートに留まらず、診断におけるAIの重要性はますます高まっていくでしょう。

　それは、画像診断だけではありません。アップルウォッチやFitbitのようなスマートウォッチが、現在の歩数、心拍数、睡眠の質などに限られている測定項目に加えて、汗の成分分析によって血液検査と同等の情報を測定できるようになっていくでしょう。

　そうすると、これまでは年に1回健康診断で健康状態を把握するしかなかったのが、毎秒の健康状態を測定しクラウドに蓄積することができるようになり、前述した機械の故障と同じように、いろいろなことが分かるようになってきます。ヒトのデジタルツインです。

たとえば、どのような運動をすると、血液中の各成分の濃度がどう変化するかを知ることができるようになります。すると、個々人の健康状態に応じた適切な運動指導をAIがしてくれるようになるでしょう。

　食事の後に、どのくらいの時間が経過すると、血液中成分の各数値がどのように変わっていくかを確認することによって、人によって身体に合った食材や調理方法と、身体に合っていない食材／調理方法を見つけることができます。

　処方されたクスリの成分や処方量によって、血液中の成分がどう変わっていくかを観察した情報は、医者や製薬会社にとっては、非常に興味深い情報になります。

　さらには、DNA解析、腸内細菌検査、アレルギー検査などは、ますます精度が高くなり、しかも安価になっていきます。一人の人間のDNA配列すべてを解析する費用は、すでに１万円程度まで落ちています。DNAも腸内細菌も、個々人で内容がまったく異なります。

　米国のロス・アラモス研究所の細菌に関する研究成果の商用利用を唯一認められたViomeというスタートアップがあります。当社を設立したナビン・ジェイン氏は、自身の腸内細菌を検査した結果、通常身体に良いとされているブロッコリーとほうれん草は、彼の腸に入ると、腸壁を溶かすような猛毒に変換されることを知ったと言っています。

　このような検査情報と運動や食材／調理方法を組み合わせることで、健康的な生活を送るための運動指導ばかりでなく、メニューの提案をしてくれるサービスが当たり前になってくるでしょう。

　すでに、シャープの電気調理機ホットクックのように、さまざまなメニューに合わせて食材をジャーの中に放り込み、メニューを選択するだけで、その食事を調理してくれる調理器が販売されています。さらには、ホットクックのユーザー向けに、メニューに合わせた食材キットを通販で届けてくれるサービスも始まっています。

　こういったサービスが、個々人のDNAや腸内細菌、アレルギー情報に合わせて、個別のメニューを提案して届けてくれるサービスが誕生すると、生活はどう変わるでしょうか？

◆クスリの開発速度が加速

　製薬会社がクスリを開発する速度も加速します。これまでは、動物実験に成功してから、人体に投与しても問題ないかどうかを治験で確認するまでに、大変長い時間がかかっています。

　しかし、10年後には、細胞の培養技術の進歩によって、人体の病巣をシャーレ（ガラスの皿）上で再現することが容易になり、そこで開発中のクスリを投与することで、正常な細胞に害を及ばさずに病原菌やウィルスなどが死滅するかどうかを試験することが主流になっているでしょう。それにより、治験までの期間を大幅に短縮できるようになり、新薬の開発期間を縮めることが期待されています。

◆リバースエイジングが現実味を帯びてきた

　この幹細胞の技術は今後10年間で急速に発展し、幹細胞を培養して注射したり、幹細胞膜を機能不全になっている臓器に貼り付けたりすることで、若返りをはかるリバースエイジングの技術の実用化が現実味を帯びてきます。

　これらは、当初は高価な治療法になりますが、ロボットが幹細胞の培養を行うようになると、個々人の幹細胞を増殖させ、各人に合ったクスリを投与することが安価に提供できるようになっていくことでしょう。

◆治療から未病、長寿へ

　上記のように医療はマス・カスタマイゼーション（個々人に合わせた別々の治療やクスリの調合）に変化していきます。AIがより精度の高い診断を下し、個々人の身体の状態に合った医療や運動、食事を提案できるようになるためには、ひとりひとりのDNA、腸内細菌、アレルギー情報、血液中の成分などをデータベース化しておく必要があります。そして、そのためには、そういったデータを高度なセキュリティ技術で守られなくてはなりません。

　そうなってくると、ヒトは病気をしない健康的な身体を維持できるような健康提案に合わせて生活するようになり、高齢になっても健康で病気のない状態で生活できるようになります。

　皆が、70歳、80歳になっても、40〜50歳のように動ける身体を維持し続け

られるようになったら、彼らの生活スタイルは、どうなっていくでしょうか？
そして、高齢者問題はどう変わり、介護問題やケアのニーズは、どうなってい
くでしょうか？

4 ◆ 目に見えない都市インフラ

　都市はどうなっていくでしょうか？　残念ながら、都市のように広大な範
囲に、すでに出来上がっているすべての建造物にIoTセンサーを埋め込むのも、
建造物の外側や道路にセンサーを付けるのも、技術的にも費用的にも容易では
ありません。

　したがって、10年後はまだまだ完全普及には程遠いと思います。

◆ 都市へのIoTとAIの導入

　中国は、都市へのIoTとAIの導入に積極的で、杭州では、その都市を本拠地
にしているアリババが全面的に協力することで、交通管制センターとAIを活
用して交通渋滞を劇的に減らしています。道路上にセンサーやカメラを張り巡
らせ、渋滞が起こりそうな交差点では、信号機もAIや管制塔から操作できる
ようにしました。

　道路に張り巡らせられたカメラが交通事故を発見すると、ただちに救急車と
事故処理車が急行するシステムが出来上がっています。

　また、中国の都市部だけでなくロンドンでも、町中のいたるところに監視カ
メラが設置されており、顔認証によって、テロリストや犯罪者を検知できるよ
うになっています。そして今後は感染症対策で、多くの国で空港や鉄道駅など
の人が集まるところには、無人の熱感知するセンサーの導入も急ピッチで進ん
でいくことでしょう。

　このようにどこかで監視されているというのは気持ち良いものではないです
し、情報が漏えいするリスクを考えると、日本ではなかなか導入は難しいかも
しれません。しかし、グローバル市場を見たときには、このような環境になっ
ていることは念頭に置いておくべきです。

◆エネルギーの見える化

　気候変動に伴い脱化石燃料への対応が進む中、都市のエネルギー効率について、スマートシティーをテーマに検討している行政や企業の間で話題に上りますが、これらが徐々に実用に向けて進んでいくでしょう。エネルギー・マネジメントと言われるもので、電気であれば消費電力と発電された電力の需給バランスを保ち、系統がダウンしないことを最優先にしつつ、全体としてのエネルギーコストとCO_2排出量を最小に保つようにするシステムが、家庭やビル、工場や街全体というさまざまな単位で導入されていくことでしょう。

　これは、電気だけでなく、ガスや上下水道も同様です。送電線や導管の基点ごとにIoTセンサーを設置し、流量や電圧・ガス気圧・水圧などを測定してクラウドに集め、AIや中央管制室がリアルタイムでバルブの開け閉めを操作したり、次年度以降の計画に反映したりするために導入されていくのが理想です。

　エネルギーの供給路が地図上の別レイヤーにマッピングされる形で、家や街、都市のデジタルツインのレイヤーのひとつとして、整備され、管制室がARで電力やガスが順調に流れているのか、どこで詰まっているか、漏れているかを視覚的に確認できるようになっていくでしょう。

　また、法律を改正する必要もあるかもしれませんが、点検のためにわざわざ道路を掘り返す必要が大幅に減るに違いありません。

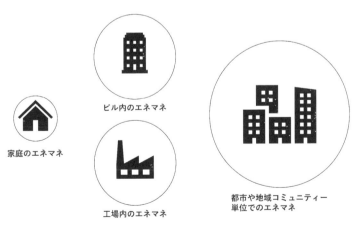

家庭のエネマネ

ビル内のエネマネ

工場内のエネマネ

都市や地域コミュニティー
単位でのエネマネ

図：エネルギー・マネジメントの単位

◆目に見えない道路が整備される

　楽天市場やAmazon.comの他、ZOZOやメルカリなど、オンライン通販や売買は、年を追うごとに増え続けていて、宅配へのニーズが急速に拡大しています。一方で、単身世帯が増えたことによって、不在による再配達が宅配業者に大きな負担となっており、さらには送料無料という世間の圧力から、宅配会社とモール運営者、モール加盟店店舗との間で送料負担の押し付け合いをしており、強者が弱者に不利な条件を押し付けることが社会問題になっています。

　そして、パンデミックの影響で、ますます宅配ニーズが高まりました。飲食店は店内での営業を自粛せざるを得なくなり、その代わりに加工食品の宅配で少しでも収入を得ようと試みました。街中をUberイーツのボックスを背負って自転車を漕ぐ人の姿を多く見かけるようになりました。食品以外でも、消費者は外出せずに家庭からインターネットでモノを注文するようになりました。

　ますます増えていく宅配の問題点は、低い賃金で働かざるを得ない配達人の収入の低さと、配達人の大幅な不足だけではありません。対面で受け渡さない場合には盗難リスクがあり、対面で受け渡す場合にはストーカーや強盗などのリスクがあるなど、どちらを選択してもリスクが発生するということにあります。

　この社会的課題を解決する方法のひとつに、宅配ドローンがあります。しかし現状は、テロの危険性や墜落事故、通常の航空機や無線の干渉など、さまざまな危険を考慮した結果、日本の都市部で数多くのドローンを飛ばすことは難しくなっています。しかし、ARによって、これを解決することができるかもしれません。

　それは、空中にドローン専用の道を張り巡らせるという考え方です。米国のVR/ARメーカー、Magic Leap社のコンセプトにあったこのアイデアは、都市のデジタルツインのレイヤーのひとつに、ドローン専用レーンを空中につくるというものです。その道は不可視域のレーザー光線のような特定の周波数の光線で作られ、ARグラスで確認できるほか、無人ドローンはその光線の範囲内を自動運転で動作するというものです。

　これであれば、安全にドローンを使って宅配をすることも可能になります。

　10年後にはまだ早いかもしれませんが、自動運転車の普及と並行して、乗客

を乗せた自動運転ドローンも、同じような光の道を用意することで、実現するかもしれません。

5 ◆ 移動とコミュニケーション

◆ 自動運転車の登場

　10年後になると、自動運転のコミュニティバスが多くの自治体で導入され始めている可能性があります。また、自家用車のAV（自動運転車）も出回り始め、タクシーが無人タクシーに置き換わり始めるでしょう。

　現在、多くの自動車メーカーの計画を見ていると、この頃に発売されるAVは、もはやすべてEV（電気自動車）のようです。EVは、図のように、まだガソリン車に比べると高いのですが、2026年には車両価格でガソリン車を下回ると予想されています。

　その理由は、EVの車両価格の40％を占めているバッテリー価格が下がっていくからです。すでに過去7年で10分の1になっています。今後も同じペースで対数的に下がり続けるとすると図のように、車両価格でもガソリン車を下回るのです。

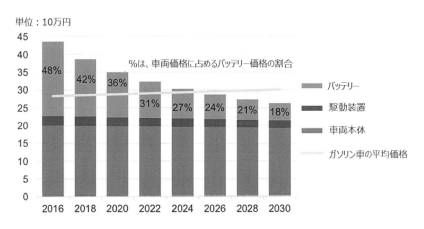

Source: Bloomberg New Energy Finance Note: Estimated pre-tax retail prices

図：ガソリン車とEVの価格変動の予測

一方で、実は車両の年間所有コストという点では、2015年時点ですでにEVはガソリン車のコストを下回っていました。ただし、車両費用を減価償却費として計算しています。国によって法定耐用年数が異なるため、この試算が日本でも当てはまるかどうかは想像にお任せします（下図は英国の事例です）。

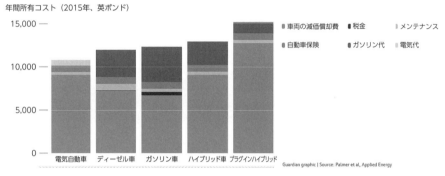

図：英国では、すでに電気自動車がもっともコストが低くなっている

　これによると車両価格の差よりは、燃料価格の差が大きいことが分かります。したがって、より長い時間走行するほど、EVのほうがコスト的に有利になるため、AVはガソリン車やハイブリッド車ではなくEVで生産するというのは、理にかなっていそうです。

　さて、AVが認可されて公道を走れるようになると、真っ先に影響を受けるのは、バスやトラック、タクシーの運転手です。次ページの図は、Uberの車両1台あたりのコスト構造です。米国の大都市では、UberやLyftのようなライドヘイリング・サービスは、既存のタクシーよりも圧倒的な低価格で、既存のタクシーを苦境に立たせています。そのUberでさえも、コストの半分は運転手の収入が占めています。

　しかし、Uberの車両がAVになると、この50％のコストが不要になります。これはタクシーでも同じで、AVが公道を走れるようになると、タクシーは急激に無人タクシーに変わるはずです。これによってUberにしても既存のタクシー事業者のタクシーにしても、無人になってコストが半額になります。そうなると、いまよりも気軽に無人タクシーが利用されるようになります。

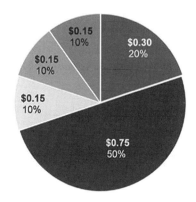

■ Uberの手数料

■ 運転手の収入

■ 車両購入費（減価償却、ローン返済）

■ 燃料代

■ 自動車保険、メンテナンス費用など

Source:モルガン・スタンレー・リサーチ

図：Uberがロボットタクシーになると、50％を占める運転手の費用分安くなる

　また、前述のように、EVの燃料（つまり電気代）はガソリン燃料に比べるとはるかに安いため、EVベースのAVは、給電時間以外は、常に道路を走り回っているだろうと予想されています。それを考慮すると、都心部の地価の高いエリアの駐車場も、AVの普及とともに次々と消えていくことになるでしょう。

　さらには、タクシーの運転手が必要なくなるだけでなく、自動車教習所に通う人も激減するはずです。

　自動車のメンテナンスも無人化が進むでしょう。エンジンがなくなるため、金型で作成しないと強度が保てないような部品は不要になる可能性があります。

　自動運転車は、車内の各デバイスに設置されたIoTセンサーの数値をクラウドに送信し、クラウドは受信したデータをAIが過去のデータに照らし合わせて、故障の予兆をウォッチし続けます。故障の可能性を検知したら、すぐさま自動運転車は故障が発生するまでに到着できる整備工場を検索し、そこに移動します。街の至る所にある自動車整備工場は、部品の多くを、3Dプリンタを使って製造し、ロボットが自動運転車の部品交換を行うようになるでしょう。

◆ながら移動が増える

　ボルボをはじめとした自動車メーカーが発表している無人自動車のコンセプトカーは、移動するだけが目的ではなく、睡眠のできるベッドルームのように利用できる車両や、仕事相手との会食をしながら移動できるダイニングカーの

ような車両など、用途に合わせた自動運転車が現れる可能性を示唆しています。

　そうなると、移動しながら食事をしたり、会議をしたり、睡眠をとったりすることが当たり前の世の中になっていきそうです。

◆そもそも移動が必要なくなる？

　これまでは、仕事と言えば、会社に行き、同じ部署の人と顔を合わせながら仕事を行うのが当たり前でした。テレワークという言葉はありつつも、サテライトオフィスを設けてそこで仕事をするのがせいぜいで、自宅で仕事をすることはほとんど考えられませんでした。

　稟議や契約はハンコを押す必要があり、また重要書類を社外に持ち出すことは禁じられているために、出社しなくてはできない仕事でした。

　打合せはSkypeやZoomで打合せをすることもありましたが、やはり直接会って打合せすることが好まれました。しかし、今回のCovid-19の影響により、在宅勤務に切り替えざるを得なくなり、それまで避けられがちだったテレワークやオンラインビデオ会議をやってみたら、「思った以上に会議がうまく進んだ」と思った人も多いのではないでしょうか？

　日本の大企業ではコンプライアンスを遵守するためにセキュリティーを強化することを優先してきた結果、テレワークでは成り立たない業務が多いのは事実です。しかし、新型コロナウィルスが収束した後も、第二波、第三波が起こる可能性を否定しきれない限り、ワクチンが開発されるまでの間は、企業はセキュリティーを守りつつ、テレワークも実現できる体制にする必要が出てきました。

　一方で、セキュリティー対策のことを除けば、オンラインビデオ会議ツールのZoomやマイクロソフトのTeamsでも打合せは十分にできることを、多くの人が知りました。会議の参加者が、ホワイトボード上にフリーハンドで次々に書き加えていくことも、パソコンにペンタブレットを接続することで、可能になります。

　営業であっても、オンラインビデオ会議で十分に成立します。同じように、学校教育も、Zoomを活用して進める学校も出てきました。

　もはや、会社に行かなくても仕事はできるし、顧客訪問をしなくても営業は

できる。学校教育もリモートでできる。そんな事実に、今回のことをきっかけに多くの人が気づいてしまいました。

　さらに、これから10年の間には、ARグラスのようなスマートアイウェアが登場します。これによって、オンラインビデオ会議では、感じることのできなかった"同じ空間にいる感覚、臨場感"ですら共有できるようになります。

　自動運転どころか、もはやどうしても移動しなくてはいけない理由は、ほとんどなくなりました。製造業であっても、3Dプリンタがあれば、どこにいても製品を作ることができます。

　このように、10年後には移動と通信の概念は、いまとは根本的に変わります。それに伴って、物理的な場所というものの重要性が薄れていき、たとえば都心部の不動産価格が下がり、地方の不動産価値が上がるということが起きてくるかもしれません。

6◆気候変動への対応

◆SDGsの中で、特に注目が集まっているテーマ

　ここ数年、SDGsというキーワードがうなぎ上りで注目を浴びてきました。SDGsは「持続可能な開発目標」の略で、17のグローバル目標と169のターゲットから成る国連の持続可能な開発目標で、2015年９月の国連総会で採択された文書の中で示された2030年に向けた具体的行動指針のことです。

　Google Trendで調べると、特に昨年に入ってから、話題が新型コロナウィルス一色になる今年２月までの間は、急激に伸びているのが分かります。

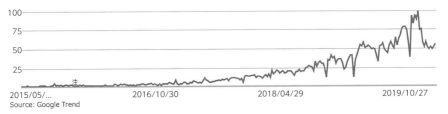

図：SDGsのトレンド

17の目標の中に、「13. 気候変動に具体的な対策を」というのがありますが、SDGsの中では、特にこの気候変動に注目が集まっています。それは、スウェーデンの環境活動家グレタ・トゥーンベリさんが中心となり、フライデー・フォー・フューチャーという気候変動対策への呼びかけが、世界中の若者たちたちに広まり、トランプ大統領ですら名指しでコメントするくらい注目を浴びたことが一番大きいかもしれません。

　そして、日本では、まだ記憶の新しいところでいうと千葉県を襲った大型台風やその後の台風で千曲川をはじめとした東日本の河川の氾濫など、ここ数年の自然災害のスケールが、これまでうまくいっていた治水対策の想定を超えるほど大きくなっています。

　そのような背景からも、気候変動への対策を求める声は、これからの10年間でますます高まっていくでしょう。この気候変動への取り組みを求める声に対する具体的な行動は、まず化石燃料に対する規制という形で始まりました。欧州では、英国のロイズを筆頭に、石炭火力発電所への損害保険が付かなくなっています。

　つまり、発電所で何らかの事故があった場合、発電所と電力会社が全額を保障しなくてはならなくなります。これは、発電所の運営の最大のリスクをヘッジする手段がなくなったことを意味します。

◆持続可能なエネルギーへの転換

　また、これも欧州が中心ですが、欧州の自動車会社は軒並みEV化にシフトしています。スウェーデンのボルボ、ドイツのダイムラー、BMW、そしてスポーツカーメーカーのポルシェですらEVを開発するようになりました。

　これらは、「7.エネルギーをみんなに　そしてクリーンに」で謳われている持続可能なエネルギーへの転換でもあります。このようにSDGsの各目標は、お互いが影響し合っています。

　たとえば、昨年米国で話題になったのは、植物由来の肉を使ったハンバーガーです。バーガーキングは、Impossible Foods社が開発した植物由来肉を使ったImpossibleワッパーを発売し、KFC（ケンタッキー・フライド・チキン）やCarls Jr.は、Beyond Meat社が開発した植物由来肉を使ったメニューを発売し

1. 貧困をなくそう
あらゆる場所で、あらゆる形態の貧困に終止符を打つ

 4. 質の高い教育をみんなに
すべての人に包摂的(※)かつ公平で質の高い教育を提供し、生涯学習の機会を促進する

 2. 飢餓をゼロに
飢餓に終止符を打ち、食料の安定確保と栄養状態の改善を達成するとともに、持続可能な農業を推進する

 5. ジェンダー平等を実現しよう
ジェンダーの平等を達成し、すべての女性と女児のエンパワーメントを図る

 3. すべての人に健康と福祉を
あらゆる年齢のすべての人の健康的な生活を確保し、福祉を推進する

 6. 安全な水とトイレを世界中に
すべての人に水と衛生へのアクセスと持続可能な管理を確保する

 7. エネルギーをみんなに そしてクリーンに
すべての人々に手ごろで信頼でき、持続可能かつ近代的なエネルギーへのアクセスを確保する

 10. 人や国の不平等をなくそう
国内および国家間の格差を是正する

 8. 働きがいも経済成長も
すべての人のための持続的、包摂的かつ持続可能な経済成長、生産的な完全雇用およびディーセント・ワーク(働きがいのある人間らしい仕事)を推進する

 11. 住み続けられるまちづくりを
都市と人間の居住地を包摂的、安全、強靭かつ持続可能にする

 9. 産業と技術革新の基盤をつくろう
強靭なインフラを整備し、包摂的かつ持続可能な産業化を推進するとともに、技術革新の拡大を図る

 12. つくる責任 つかう責任
持続可能な消費と生産のパターンを確保する

 13. 気候変動に具体的な対策を
気候変動とその影響に立ち向かうため、緊急対策を取る

 16. 平和と公正をすべての人に
持続可能な開発に向けて平和で包摂的な社会を推進し、すべての人に司法へのアクセスを提供するとともに、あらゆるレベルにおいて効果的で責任ある包摂的な制度を構築する

 14. 海の豊かさを守ろう
海洋と海洋資源を持続可能な開発に向けて保全し、持続可能な形で利用する

 17. パートナーシップで目標を達成しよう
持続可能な開発に向けて実施手段を強化し、グローバル・パートナーシップを活性化する

 15. 陸の豊かさも守ろう
陸上生態系の保護、回復および持続可能な利用の推進、森林の持続可能な管理、砂漠化への対処、土地劣化の阻止および逆転、ならびに生物多様性損失の阻止を図る

図：SDGs（持続可能な開発目標）

て、一大ブームを巻き起こしています。

　これらの植物由来肉は、全米を中心に270店舗以上を展開する自然食品スーパー Whole Foods Marketで発売されたのが最初のようですが、実はWhole Foods MarketのJohn Mackey CEOは、これらの植物由来肉を「環境には良いが、健康には良くない（Good for the environment but not for your health）」と言っています。

　実は、これらの植物由来肉は、植物の遺伝子をCRISPRという技術で遺伝子操作しているのです。このCRISPRという遺伝子操作技術は、先天性の遺伝子疾患を根本的に治癒する手段として、医学界では注目を浴びていますが、遺伝子組み換え食品（GMO）が人体に与える影響は未知数で、健康に良くないと思われています。EUでは、遺伝子組み換え食品（GMO）を禁じていたりします。それにもかかわらず、自然食品スーパーであるWhole Foods Marketが取り扱っている理由は、環境に良いからです。植物由来肉が環境に良いとは、どういうことでしょうか？

　牛肉1kgあたりに必要とされる穀物は10kgと言われているのを聞いたことはあるでしょうか。人間が穀物を直接食べる場合に比べて、牛肉を食べるとその10倍の穀物を必要とするということです。そして、その穀物を育てるために、広大な牧草地が必要とされ、牧草を育てるために膨大な水が必要とされます。

　中国や東南アジア、インドなどの人口が多い国々の経済が発展するにつれ、これまで貧しくて鶏しか食べていなかった人たちが、牛肉を食べるようになりました。アジアの人口は44.63億人で、地球上の人口の半分以上です。それに対して先進国の人口はおよそ12億人です。つまり、これまで牛肉を食べてきた人々の3倍の人口が、新たに牛肉を食べ始めるのです。

　では、そのニーズに応えるための牧草地はどうするのでしょうか？　新たな需要に応えるための牧草地は、森林を切り倒して開拓されます。実は、近年アマゾンの大自然が急速に破壊されている背景も、ここにあります。

◆巨大湖、アラル海が地図から消えかけるほど小さくなった理由

　SDGsの目標「6. 安全な水とトイレを世界中に」に謳われている安全な水についても、同じ根っこを持っています。世界中に水不足で苦しんでいる人々が

たくさんいるのですが、実は水は砂漠でもない限りは豊富にあるいう意見があります。

　水があるにもかかわらず、水不足と叫ばれている理由のひとつは、その水がそこに住んでいる人々に提供されずに、農業用水として穀物を育てるために使われるからだそうです。河川の水だけでは足りずに、地下水を汲み上げていたものの、その地下水が枯れてきたり、世界4位の大きさだった巨大な湖、アラル海が地図から消えかけるほど小さくなってしまったりした理由も農業用水として大量に汲み上げ過ぎたからと言われています。

　前述の植物由来肉は、こういった問題を解決する手段、SDGsの複数の目標を実現する手段として注目を浴びているのです。

　これ以外にも、幹細胞を培養して牛を育てずに牛肉を生産することに挑戦しているMemphis Meetも、同じ問題を解決しようとしています。

　また、海水をろ過して淡水をつくるプラントは、すでにイスラエルや中東で実用化されていますが、そのような水を得るためのコストはますます低くなっています。

　テスラのソーラーシティーのCRO（Chief Revenue Officer）だったヘイズ・バーナード氏が立ち上げたNGO、GivePowerは、テスラのソーラパネルとバッテリーを使って淡水を製造する装置を開発し、アフリカのケニアをはじめとした世界数か所の水不足の場所に、次々と配置するビジネスで成果を出しています。

　このように、新しいテクノロジーを使って、地球環境を良くするなどSDGsの目標を実現していくビジネスが成果を出し始めています。従来はこういった事業は、寄付金や国連やJICAの予算などで行われていましたが、上述の例ではGivePower以外は営利事業として行っています。寄付金や国際機関の予算を消化する事業は、予算が途絶えたらビジネスも死んでしまいますが、営利事業であれば持続可能です。すでに、資金調達という点では、こういったビジネスに投資家の資金が集まる傾向が出ています。

　10年後には、こういったビジネスがさらに拡大していることでしょう。

第2章：DXの戦略的な意味

　前章では、これからの10年で起こる社会的変化についてイメージを膨らませてもらいましたが、これは企業戦略にとってとても重大な影響をもたらします。企業を取り巻く社会環境が変わるということは、企業を取り巻く競争環境が変化するということでもあります。

1 ◆ テクノロジーの発展による競争環境の変化

◆ファイブ・フォース・モデル分析で競争環境を整理する

　企業の置かれている競争環境を整理するには、マイケル・ポーター教授が考案したファイブ・フォース・モデル分析が最適です。

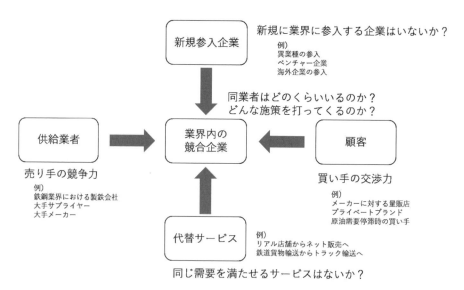

図：ファイブ・フォース・モデル分析

ファイブ・フォース・モデル分析では、図のように自社から見た他社による脅威を次の5つにまとめています。

①同じ業界内の競合企業との競争
②供給業者の競争力と交渉力
③新規参入業者の参入
④顧客、買い手の交渉力
⑤代替サービスの出現と市場争奪

　このモデルは非常に有名で使い古されている感はあるものの、これからの10年間では、ますます重要になってきます。
　たとえば、自動車メーカーを例にとって考えてみましょう

①同じ業界内の競合企業
　自動車メーカーと同じ業界内の競合企業とは、もちろん自動車メーカーです。同じ国産メーカーはもちろん、ダイムラーやBMW、フィアットなどの欧州メーカー、テスラ、GM、フォード、クライスラーの米国メーカー、それ以外に韓国や中国の自動車メーカーもあります。
　これまでは燃費や静粛性、安全性、ブランド価値、価格などが競争の軸でしたが、これからの業界内の競争は、EV（電気自動車）やAV（自動運転車）の技術に移っていくでしょう。

②供給業者
　自動車メーカーにとってのサプライヤーは、ほとんどは部品メーカーになります。中にはデンソー、アイシン精機、カルソニックカンセイ、クラリオン、ボッシュなどの強い力を持った企業もあります。これらの企業がお互いによる合併や提携を模索する動きが活発化しています。特に電装系部品メーカーは、EV化やIoTセンサーやAIによる自動運転技術、コネクテッドの通信技術など、これからの自動車の中心的技術です。
　これまでは、自動車メーカーが電装系部品メーカーを選別する立場にありま

したが、これからは、これら電装系部品メーカー側が、自社の開発するEVユニットやAI付センサーユニットをどの自動車メーカーに納入するかを選別する立場に逆転する可能性が出てきます。

　現状では、EVの車両価格の多くを占めるバッテリーを供給する企業も、これから10年間は、大きな役割を演じ続けるでしょう。1回の充電でどのくらいの連続走行に耐えられるか、どのくらいの時間で満充電にできるか、充電・放電を何回繰り返すと寿命が尽きるのか、どのくらい安価に提供できるのか、どのくらい生産できるのか？　これらは、クルマの性能をもっとも左右する要素です。

　さらには、それらの電装部品の中核となる半導体を開発するインテルやエヌビディアのような企業も主導権を握る可能性が出てきました。

　もしかすると自動車メーカーは組立工程だけを持った家電メーカーのようになってしまいかねません。

③新規参入業者

　EV化と3Dプリンタによる部品製造により自動車の部品が自動車の部品点数を100分の1以下にしてしまうことで、自動車は部品だけ買ってくれば誰でも組み立てられるようになる可能性も出てきました。

　ところで、3Dプリンタが部品点数を減らす理由とは何でしょうか？　動力がエンジンの場合には、シリンダ内で燃料を爆発させるため、高温と高圧に耐えられるだけの金属が必要でした。そのためには、金型に高温に熱して溶かした鉄を流し込み、冷却するという工程が必要です。

　この工程では、複雑な形状のものをつくることができませんでした。複雑な形状だと、金型の中で冷却する際に、均等に熱を冷ますことができずに、ヒビや歪みを生んでしまうからです。これらは微細であっても、大きな事故につながりかねません。

　そこで、単純な形状の部品に分けて作り、ネジやボルトで留める方法で作らざるを得ませんでした。これが、エンジン車がEV車に比べて部品点数が多い理由です。同様に、重たいエンジンを支える部品や、クルマのシャーシも、丈夫な部品が必要となると、金型に頼ることになります。

一方、EV車では、導線を軸に巻き付けたコイルに電流を流し、その周りに磁石を置いておくことで軸が回転するという仕組み（つまりモーター）のため、エンジンのような複雑な形状にはなりませんし、そこまでの高温・高圧にはならないため、部品は鋼鉄ほどの強度は求められず、むしろ軽量なものが好まれます。したがって、モーターを支える部品もクルマのシャーシも軽量のものが好まれ、金型を使って鋼鉄を流し込む必要はなくなります。

　したがって、これらを3Dプリンタで作ることも可能になってきます。Local Motorsは、3DプリンタでOLLIという無人の自動運転ミニバスを開発しています。ジェイ・ロジャーズCEOによると、3Dプリンタでシャーシやフレームを作ることで、部品点数がEV化によるものに加えてさらに1桁減ったと言っています。3Dプリンタでは複雑な形状の部品を生産できるからです。

　Local Motorsは、これ以外に軍用自動車を含め、カスタムメイドのクルマを開発しています。自分でクルマを設計し、3Dプリンタで出力し、そこにモーターやシャフト、バッテリーやその他の電装部品、シートを付けるだけで、公道を走れるクルマを作ることが可能になります。衝突テストなどのさまざまな安全性テストも、VRシミュレーションでできるようになっているため、米国などでは、個人がクルマを作ることもできるようになるでしょう。

　ジェイ・ロジャーズCEOは、そういったことを手助けするマイクロファクトリーが世界中に増えていくと言っています。そのとき、これらマイクロファクトリーは、自動車メーカーにとって新規参入業者となります。

④顧客

　買い手の交渉力とは、多くの場合、値下げ交渉です。自動車メーカーにとっての顧客とは、個人だけではありません。社用車を購入する企業、新車を大量に購入してくれるレンタカー会社、リース会社、タクシー会社も顧客となります。

　個人顧客はともかく、法人顧客はよりコストの安いメーカーのクルマを選ぶでしょう。もちろん、乗客に人気の車種を選ぶこともありますが、車両価格だけでなく、運用コスト、燃料代、保険料、再販売価格（下取り価格）、メンテナンス代なども含めた所有にかかるトータルコストは、自動車購入時の非常に大きな要素になります。

EV化により価格が安くなるだけでなく、自動車は部品を買ってきて組み立てるだけで作れるようになると、家電やパソコンのように、大量に安価な部品を購入して組み立てただけの安価な最終製品を製造・販売する企業が出てくるでしょう。また、顧客によっては、所有よりシェアを選択することもできます。

　このように、顧客には多様な選択肢が生まれることになるため、自動車メーカーは交渉力という点で非常に厳しい立場に立たされることになりかねません。

⑤代替サービス

　所有から利用へ、シェアリングの流れは、自動車メーカーの顧客にとって、移動という需要を満たす代替手段として、ライドヘイリングやカーシェアの力を強めています。タクシーも無人タクシーというサービスに変わることで、運転手が不要になるため、原価が半分になり、利用料金も大幅に下がることで、利用価値が高まります。

　また、自動運転車になったとき、一人で移動する場合には、2輪車でも1輪車でもよい可能性があります。無人2輪車や無人1輪車は、いまではジャイロを使った転倒の心配がない乗り物を作れるようになっているため、短距離の移動であれば、もっとも効率的な移動手段になる可能性があります。

　これらは、自動車メーカーにとって自動車販売台数を減らすという影響をもたらします。

　これからの10年間ではまだ脅威になるほどの存在にはならないとは思いますが、パッセンジャー・ドローン（空飛ぶ無人タクシー）も、自動車の代替サービスとして脅威をもたらす可能性があります。この分野には、Uberのほか、エアバスなどの航空機メーカーはもちろん、掃除機メーカーのダイソンなどのまったくの異業種も興味を示しています。

　移動の代替サービスという点では、Zoomのようなオンライン会議のSaaSサービスや、VR/ARによるオンライン会議、遠隔教育、オンライン通販、オンライン診断なども対象になります。これらは、移動する必要性自体を奪ってしまいます。

　1章で見てきたように、テクノロジーやビジネスモデルの進化によって、世

界中のさまざまな企業がそれぞれのDX化を実現しようとする中で、社会全体が大きく変わっていきます。そのようなとき、前記のようにファイブ・フォース・モデルを使って、自社の置かれている競争環境を見直してみるのは、非常に重要です。

　ここでは、イメージしやすい自動車業界を例にとりましたが、ほとんどすべての業界で、5つの力すべてが劇的に変わるタイミングにいます。ぜひ、あなたの会社にとっての10年後の競争環境を、ファイブ・フォース・モデル分析を使って整理してみてください。

2 ◆ デジタル化の戦略的意味

◆ 9つの主なメリット

　デジタル化することによって何がどう変わるのでしょうか。もちろん、誰が考えても当たり前のことばかりなのですが、あらためて整理して眺めることで、デジタル化がビジネスにどんな変化をもたらすのかについてのイメージをつかむ助けになるかもしれません。

　デジタル化のメリットは、少なくとも下記の9つはあります。

①オペレーション自動化
②複製し放題
③距離を超える
④時間の壁を超える
⑤質量がなくなる
⑥誰もが持てるようになる
⑦無料に近づく
⑧大量なデータを高速処理
⑨すべての経験を集約できる（高速学習）

　それぞれについて、それらが戦略的にどのような意味を持つのかについて、以下に考えていきます。

①オペレーション自動化

　企業活動をデジタル化することにより、どうしても人間が介在しなくてはいけないことを除いて、すべてが自動化されている状態を想像してみましょう。人が介在しないということは、間違いが減ります。そして、何もかもが高速に処理できるようになり、24時間365日休むことなく企業活動が行われるようになります。

　顧客に提供してきたサービスは、それ自体が自動化されることによって、次のように変容させることができます。

・24時間365日提供できる

　これまでは、顧客は、限られた営業時間の中で来店し、商品・サービスを購入・利用してきました。

・顧客を待たせない

　これまでは、顧客は自分の番が来るまで列を作って待たなくてはなりませんでした。サービスを提供するオペレーションが自動化されることで、店舗でのレジ待ちや、コールセンターのオペレーターにつながるまでに何時間も待たされるようなことはなくなります。

・マスカスタマイゼーション

　これまでは企業は自社が設定したターゲットユーザーの想定ニーズやウォンツを満たすために商品／サービスを開発し、市場で販売・提供してきました。顧客は、市場に出ている商品／サービスの中から、自分にとって最適なものを選んで使ってきました。しかし、オペレーションを適切に自動化することにより、ひとり一人のニーズに合わせて商品・サービスを提供することが可能になってきます。

・ひとり一人に寄り添ったサービス

　これまでは、万人に共通して喜ばれて、同時に費用対効果のある対応がされてきました。サプリメントは、万人に共通して身体に良いとされる栄養素を集

めて提供されています。しかしながら、実際には、ひとり一人異なるDNAや腸内細菌、アレルギーのある物質などによって、サプリメントは異なるべきです。オペレーションを自動化できれば、ひとり一人の身体の情報に合わせたサプリメントの調合と提供ができるようになります。

②複製し放題

　デジタル化されたモノは、それが写真や動画、オンラインブック、あるいはソフトウェアやアプリであっても、すべてについて簡単にいくらでも複製できるようになります。そして、いくら複製しても、劣化しません。つまり、世界80億人の一人ひとりに分け与えたとしても、誰もその「デジタル化されたモノ」を失うことはありません。

　何度消費しても、無くなることもありません。まさにAbundance（豊富）という状態を実現しています。

　写真や動画などのデジタルコンテンツだけでなく、スマートフォンのアプリや、パッケージソフトやクラウド上のSaaSも、この複製のおかげで、同じソフトウェアを複数の個人／企業に提供できています。

　デジタル化された商品／サービスは、大量生産に時間もコストもかかりません。あなたは、たった一人の顧客に商品を提供しようと、80億人近い全人類に商品を提供しようと、製造コストはまったく同じです。

　その結果、多くのユーザーが満足する商品／サービスを低コストでばら撒くことは容易になりました。そして一度ある商品／サービスが世の中に広まると、他の企業が類似した商品／サービスを提供したとしても、誰の目にも留まらなくなります。

　その結果、ひとつの市場で生き残れる企業や商品／サービスは、トップ３つまでと言われるようになりました。クラウドを担うデータセンターで言えば、アマゾンのAWS、マイクロソフトのAzure、グーグルのGoogle Cloudの３つです。これらはグローバルに活躍しているため、日本でも、以前からデータセンターサービスを提供していたNEC、富士通、日立、NTTをはじめとした大企業ですら、大量の市場を奪われ、厳しい状況に置かれています。

　ところで、複製が容易になることで、顧客が手に入れた商品を無断で複製し

てばら撒くことで、あなたが収益を得る機会を失うリスクもあることも添えておきます。

③距離を超える

　デジタル化されたモノは、それが何であっても、瞬時に地球の裏側まで移動させることができます。

　昔は、手紙を郵便という形で人が届けていましたが、いまは電子メールやメッセンジャーによって、誰も移動せずにメッセージを届けることができます。昔は、皆が一か所に集まることでしかミーティングはできませんでしたが、いまやSkypeやZoomで世界中の人たちと同時に声や資料を共有することで、ミーティングすることもできます。このことは、今回の新型コロナウィルスのパンデミックによってテレワークをしてみて、多くの人が実感しているのではないかと思います。

　現在はまだ、人間の五感のうち、視覚と聴覚だけがデジタル化されて距離を超えることができていますが、ゲーム業界では触覚のデジタル化にもあと一歩のところまできています。さらには、嗅覚や味覚についても、研究されています。

　オリィ研究所では、分身ロボットOriHimeが、移動に制約のある人々に、「その場にいる」ようなコミュニケーションを実現する手段を提供し、孤独や社会参加機会の喪失を解消する取り組みを始めていて、話題になっています。

　全日空のアバタープロジェクトでは、本人が移動せずに、アバターが旅行先で歩き回り、人々と交流することにより、旅行したのと同じ体験を得られることに挑戦しています。

　アバターのセンサーが五感をデジタル化して本人に届けるようになるまでは、まだ時間がかかりそうですが、発想の原点は「どこでもドア」だそうです。

　アフターコロナの世界では、この距離を超えてコミュニケーションができることが、とても重要になってくるでしょう。

④時間の壁を超える

　デジタル化することによって、それまでは人が時間をかけてやっていたことが、一瞬で完了できるようになりました。

もうずいぶん前から知られている話ですが、アパレルチェーンのZARAは、パリやミラノ、ニューヨーク等のファッションショーでさまざまなブランドから発表された新しいコンセプトから、流行の最先端をつかみ取り、それを即座に本社に送り、起こしたデザインをデジタルデータとして海外工場に送り、工場が即座に生産を開始し、世界中のZARAのショップに届けるということをしています。

　最新の流行を発表したブランドが自社のブティックの店頭で発売するよりも早く、世界中のZARAのショップでその流行を取り入れた服が販売されているということは、ファッション業界で衝撃を持って伝えられています。

　投資の世界では、アービトラージ（さや取り）という手法があります。たとえば、米ドルと日本円の交換レートは、銀行間の交渉で決められているため、銀行間でレートが異なります。これを利用して、複数の銀行にレートを確認し、ドルを安く買える銀行でドルを安く買って、ドルを高く買ってくれる銀行に高く売る、という一連の取引で利益を出します。

　このような銀行間の価格差は、アービトラージを行う人たちが売買することで時間とともに縮まっていきます。したがって、価格差がなくなるまでの時間が勝負となります。

　大昔は、銀行間の交渉も電話で行われていたため、アービトラージも、複数の銀行に電話でレートを問い合わせて行っていました。いまでは、すべてがコンピュータ化されているため、銀行間の交渉は毎秒行われ、アービトラージも購入と売却はほぼ同時に行われます。皆がさや取りを狙うために、銀行間のレート差は瞬時に埋まってしまい、ビジネスチャンスを逃すからです。

　いまでは、アービトラージが成立するタイミングをいち早く察知して、いち早く利益を出すことが重要となります。時間の壁を超えてこれらを高速に行える者が勝利します。

　同じように、せどりという手法で稼いでいる人たちがいます。元々は本の背取りから始まった手法ですが、いまでは店舗での価格とネットでの価格差を利用して利益を出す手法を指します。たとえば、量販店で格安で購入した新品を、ネットで高い金額で販売するなどです。地域限定商品や、新発売でまだ初期ロット数が限られている商品など、希少性によって価値が生まれる商品がせどらー

（せどりをしている人たち）のターゲットとなります。

　彼らは、商品を仕入れるタイミングで、ネットで販売されている価格を確認して、利益を考えて仕入れています。これも時間の壁を超えて価格差を作り出した例です。

⑤質量がなくなる

　デジタル化されると、モノの質量がなくなります。つまり、形も重さもなくなるということです。カメラも写真もデジタル化したことにより、スマートフォンの中におさまりました。もはや昔のカメラを持つ必要はありません。

　地図もコンパスも、スマートフォンの中にあります。お金ですら、中国では、すでにお札や小銭を持ち歩く人はいません。スマートフォンで決済してしまいます。

　大きさも重さもなくなると、何が起こるかというと、持ち歩くことが苦にならなくなるということです。したがって、スマートフォンと一緒に常に持ち歩くことができるようになります。

　さらには、モノがデジタルになれば、それを販売するときの梱包もなくなります。すると、ゴミが発生しないというメリットもあります。

⑥誰もが持てるようになる

　マスコミは、市民が書き込みしたSNSの情報を元に取材して放送するようになっています。マスコミよりも早く一般の人々が知るようになり、マスコミはその中から広まったトピックやニュースを配信するというスタイルに変わりました。これは、誰もが平等に情報を手に入れられるようになったからです。

　これにより、これまではマスコミが恣意的に情報を操作することが行われてきましたが、SNSによって人々が情報源に直接アクセスできるようになったため、いまでは情報操作は以前よりは困難になっています。そして、視聴率を上げるためにネガティブな情報ばかりを流すテレビ離れが世界中で進んでいます。

　同様に、高性能のカメラも、ビデオカメラも、誰でも手に入れられるようになりました。世界最高峰の教育を誰もがYouTubeから受けられるようになりました。たとえば、コロナウィルスのパンデミックによる経済への影響につい

て、世界最大のヘッジファンドの社長からアドバイスを受けることも、すべての人が可能になっています。

　一方で、これはモノが早く消費されるようになり、流行期間が短くなるという傾向を引き起こしています。かつては憧れだった多くのモノが、ありふれたモノに変わったために、希少性がなくなり、さらには需要をはるかに供給が上回るようになって、モノが売れなくなるという現象が、あらゆる商品について起こっています。

⑦無料に近づく

　モノがいくらでも複製できるようになり、いくら消費しても無くならず、瞬時に誰もが手に入れることができるようになると、これらはさまざまな理由で無料に近づきます。

　無料に近づく理由には、次のようなものがあります。

・生産コストも物流コストもかからない
・開発コストを世界中の利用者で分担できる
・希少性がなくなる

　スマートフォンをひとつ手に入れれば、地図もコンパスも高度計も無料で手に入ります。海外の著名人の講演も無料で聞けます。海外の人々と長距離電話するのも無料です。

　アプリも、とても安く利用できるようになっています。利用者が世界に広がったために、ボリューム効果が期待できるからです。

⑧大量なデータを高速処理

　IoTセンサーがあらゆるところに設置されることにより、大量のデータが生まれますが、これも高速に処理することができます。それまでは、人が現地に赴いて、モノを目で確認しなくてはならなかったことが、IoTが導入されるとモノのほうから知らせてくれるようになりました。場合によっては、装置を止めて分解しないとモノの状態が分からないものもあったでしょう。

先に挙げたスマートメーターの例でも、それまでは、確認するのに時間と手間がかかっていたために、1カ月に一度集計したり、1年に一度集計したりできればよかったのですが、センサーを付けることにより、状態がデジタル化された情報として、毎秒送られてくるようになると、まったく異なることが分かるようになります。

　あるいは、GEの例でも、フライト中の航空機のエンジンの各パーツの状況（温度や振動、圧力など）を毎秒測定し、それぞれの数値が異常値を示すようになったことを瞬時に気づくことができるようになっています。それにより、それらの数値が異常を示し始めたら、しばらくするとパーツが故障する事象が起こることも分かるようになります。

　そうすると、次は数字が異常値を示し始めたら、パーツを交換する準備に入ることにより、故障する前にパーツを交換できるようになりました。

　アップルウォッチがヒトの脈拍を常時測定し、クラウドに保存しています。それらの大量のデータを高速で分析することで、脈拍に異常値が見つかったときに、心筋梗塞等の予兆として、それらが発症する前に病院にいって診察してもらえるようになります。

⑨すべての経験を集約できる（高速学習）

　これまでは、あるひとつの機械や、ある一人の人間が経験したことは、その人の経験にしかなりませんでした。しかし、デジタル化されると、ひとつの機械や一人の人間が経験し学習したことは、他の機械や他の人に瞬時に共有できるようになります。

　たとえば、テスラは、各車両がクラウドに送る映像データ、レーダーやセンサーデータをもとにAIが学習しますが、1台の経験ではなく、すでに販売されて世界中で走行している車両の情報をもとにAIが学習し、自動運転の精度を上げています。

　人間の運転手が運転の経験値を他人に共有するのは、非常に困難です。それこそ免許をとるために教習所で教えられていること以上のことを学ぼうとすると、レーシングスクールに行くくらいしか学ぶ手段はありません。

　しかし、テスラの車両は、1台1台が経験したことを、瞬時にAIが共有し、

自動運転車のエンジンとして学習されます。これにより、学習速度は天文学的に速くなります。

　以上が、デジタル化によって可能になる9つの能力です。これらをうまく活用することで、これまで不可能だったことを可能にすることができ、それにより新しいビジネスモデルを生み出すことができるようになります。これが、デジタル化がもたらす戦略的な意味なのです。

3◆破壊的イノベーションとエクスポネンシャル・カーブ

◆破壊的イノベーション事業は、ニッチな領域から始まる

　シンギュラリティ・ユニバーシティの共同創設者であるピーター・ディアマンディス博士によると、破壊的イノベーションをもたらす事業は、図のようにエクスポネンシャル・カーブを描いて成長するそうです。

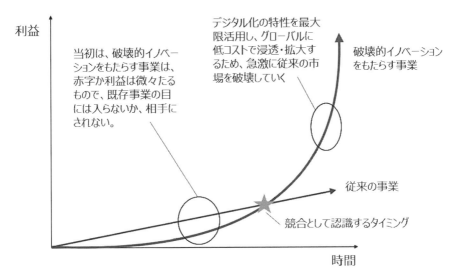

図：破壊的イノベーションの成長はエクスポネンシャル・カーブを描く

エクスポネンシャル・カーブを描いた例を考えてみましょう。破壊的イノベーションをもたらす事業は、従来の市場では評価されないニッチな領域から始まります。たとえば、アップルは、iPodでそれまでウォークマンで音楽プレイヤー市場をほぼ独占していたSONYを駆逐しました。そればかりか、iTune Music Store（現在はiTune Store）によって、音楽のダウンロード販売を根づかせ、CD販売で利益を上げていた音楽業界を窮地に追いやっています。

　しかしながら、AppleがiPhoneにビジネスの主軸を移している間に、Spotifyというサブスクリプションモデルの音楽配信サービスが徐々に市場に浸透していきました。

　Spotifyは、2006年にスウェーデンで操業され、2008年10月にサービスを開始した企業です。サービス自体は好調で、2013年時点で欧米合わせて年間1000億円以上の売上を得ていたものの、その半分をレコード会社やアーティストに印税として支払うなどしていたために、利益は非常に低迷していました。この時点では、まだ競合として警戒はされていなかったでしょう。

　しかしその後も成長し続けることにより、2017年3月には全世界での有料会員数が5000万人を突破し、2019年には1億2400万人にまで成長しました。

　一方、Appleが気がつき、対抗策としてApple Musicという音楽配信サービスを開始したのは2015年でした。そこから猛追劇をしているものの、2019年末で6000万人とまだ追いつけていません。

◆競合が認知したときには、もう手遅れ

　もうひとつ例を紹介します。カメラやフィルムの世界では、デジタル写真が出てきたときには、画質が粗いだけでなく、それまで写真は印刷されて保管されるものだったため、誰にも価値を認められませんでした。

　このような破壊的イノベーションを支持する顧客は、イノベーター理論におけるイノベーター、いわゆるオタクや変わり者ぐらいのものです。したがって、当初はお遊びでしかなく、売上も従来のフィルム市場に比べると微々たるものでしかなく、カメラメーカーからもフィルムメーカーからも相手にされませんでした。

　しかしながら、技術の進歩とともに、画質が良くなり、紙に印刷するプリン

ターが整うと、それまで最大36枚までしか撮れなかったフィルムに代わり、何枚でも撮影でき、何度でも撮り直せるデジタルカメラへの需要が急増しました。フィルムメーカーが気がついた時には、フィルム需要の消失を止めることはできませんでした。

　これが、エクスポネンシャル・カーブの後半の急上昇している部分です。

　一方、カメラメーカーは、かろうじてデジタルカメラにシフトすることで、生き長らえることができましたが、デジタルカメラの性能が向上し、デジタルズームが可能になると、市場のほとんどを占める顧客層にとって安価な小型カメラでも十分になってしまいます。

　さらには、スマートフォンの登場で、紙の代わりに写真を楽しむ環境が整ったことから、撮影したその場で楽しめ、SNSを通じて他人と共有できるスマートフォンにカメラ市場が移ってしまいます。現在のこの市場の覇者は、インスタグラムと言われています。

　いまでは、カメラメーカーは主従が逆転し、プロのカメラマンか、古い世界のプロセスを楽しむユーザーからしか、興味を持たれなくなってしまっています。いまや、光学機器メーカーとして医療分野や航空宇宙分野で生き残ろうとしています。つい最近もオリンパスがカメラ事業からの撤退を発表したばかりです。

　以上のようにエクスポネンシャル・カーブの特徴は2つあります。ひとつは、

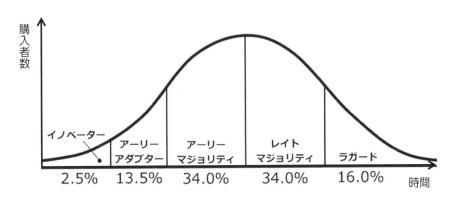

図：イノベーター理論

初期の頃は小さすぎて目に見えないという点です。もうひとつは、競合が認知したときには、もう手遅れで、なすすべなく従来の市場を破壊しつくしてしまう点です。

　まるでレーダーで捕捉されないように水面すれすれを飛んで敵艦に近づき、敵艦近くでホップアップ（真上に上昇）して、敵艦の真上から投下して敵艦を破壊するミサイル、ハプーンのようです。

　ファイブ・フォーシーズ・モデルに当てはめると、真ん中に位置する業界内の競合企業以外の４種類の事業者が、このハプーンのような破壊的な攻撃をしてくる可能性が常にあります。それがこれからの10年です。逆に、小規模事業者であっても最終顧客の真のニーズを知ることで、大手の供給業者の市場を破壊することも、最終顧客との間に入っているメーカーや強力な代理店を介さずに直接顧客に商品／サービスを提供することも、しばらくの間水面下で進めていくことができるかもしれません。

4 ◆ プラットフォームかエコシステムか？

◆ プラットフォーム・ビジネスとは

　DXで新しいビジネスモデルを作るとしたときに、考えておくべきことは、ビジネスの立ち位置です。それはたとえば、プラットフォーム・ビジネスを行うのか、他社のつくるプラットフォームの上でビジネスをするのかです。

　プラットフォームというのは、ひとことで言うと、さまざまな企業にビジネスの機会を基盤とともに提供する役割です。プラットフォームがビジネスとして提供されるなら、それはプラットフォーム・ビジネスといいます。

　豊洲市場のような公設市場は、公共的なビジネスと言えなくもないですが、プラットフォームではあるものの、プラットフォーム・ビジネスとは言わないようです。

　インターネットはプラットフォームですが、プラットフォーム・ビジネスとは言えません。その上でサービスを提供しているアマゾンや楽天は、それぞれAmazon.comと楽天市場というプラットフォームを提供しています。彼らのようにプラットフォームを提供してプラットフォーム・ビジネスを行っている企

業をプラットフォーマーと呼びます。

iPhoneのようなスマートフォンも、プラットフォームですし、アップル社にとってはプラットフォーム・ビジネスです。それを行っているアップル社はプラットフォーマーです。その上でさまざまな企業が有料アプリを提供してビジネスをしていますし、無料アプリであっても、それをきっかけにして顧客を呼び込み、他の部分で収益化を図ることができています。

古くからある百貨店やショッピングモールもプラットフォームと言えます。FacebookもInstagram、Oculus（Facebook傘下のVR端末開発企業）もプラットフォームです。

このようにプラットフォーム・ビジネスを立ち上げるのか、あるいは他社のプラットフォームの上でテナントとしてビジネスを行うか、目指す方向を決める必要があります。他社のプラットフォームの上でビジネスを行うというのは、ショッピングモールや楽天市場に出店する店舗のようなものです。

◆プラットフォーム上へ依存しすぎるリスク

楽天市場が出店料を上げたり、送料無料を強制したりしようとして話題になりましたが、プラットフォーマーはルールを自由に変えることができます。その反面、他社のプラットフォーム上でビジネスを行う企業は、プラットフォーマーによって振り回されます。

たとえば、Amazon.com等で不良品を販売しているわけではないのに、悪意ある購入者に悪い評価を付けられて、店舗が突然閉鎖させられ、まだ入金されていない分の売上が支払われないままという話もよく聞きます。これまでAmazonでの販売が半分以上占めていたにもかかわらず、店を閉じられてしまったことにより、顧客の流入が半分消えてしまったそうです。

プラットフォーマーは囲い込み戦略の一環で、テナントにプラットフォームを通さずに直接行うことを禁じていたりすることもあり、そうなると顧客リストを失うことにもなり、大打撃になります。フェイスブックやGoogleから広告出稿を突然打ち切られて、そこからの顧客の流入に頼っていた企業がビジネスを継続できなくなった、というケースもあります。

このように、プラットフォーム上でのビジネスに依存していると、いきなり

ビジネスが吹き飛ぶリスクもあります。

　もちろん、プラットフォーマーかテナントかの２つ以外に、どのプラットフォームにも頼らないで独自に商品／サービスを提供するという選択肢もあります。おそらくほとんどの企業は、このタイプだと思います。

◆エコシステムとは

　これら３つのビジネスの立ち位置の他に、ここ10年くらいの間によく耳にするようになった言葉がエコシステムです。エコシステムは、複数の業種の商品／サービスが連携することで、トータルで魅力的な価値を放つ存在です。システムなので、個々は独立して成り立っていながらも、全体として調和がとれている集合体です。

　TSUTAYAが中心となって始めたTポイントは、異なる業種をポイントで束ねることでエコシステムの形成に成功しました。

　楽天は、楽天ポイントとログイン認証をベースに、クレジットカード、銀行、証券、ブログ、トラベルなど、さまざまな事業を展開し、グループ企業全体で価値を増幅するエコシステムを作り上げています。楽天はプラットフォーマーでもありますが、楽天市場や楽天銀行などの複数のプラットフォームをつなげたエコシステムを作り上げているのです。

　東南アジア各国でライドヘイリング（タクシー）ビジネスを展開するGrabは、タクシー料金の前払い制度でクレジットカード決済の機能を付けたあとに、それを発展させてプリペイド機能を可能にしました。それにより車両を呼ぶ配車アプリにウォレット機能が付きます。いまでは、そのウォレット機能を他社に展開し、エコシステムを作り上げようとしています。

　エコシステムを形成できると、参加企業の力を集結できるようになり、ネットワーク効果によって、単体を単純に足し合わせた以上の価値を顧客に提供できるようになります。さらには、競合企業との競争を有利に進めることができるなど、事業の衰退をかなり先に延ばすことができます。

　このように、新しいビジネスモデルを考えるのであれば、プラットフォーム・ビジネスやエコシステムの創出を念頭に置いて検討することをお勧めします。

第**3**章：現状の延長でDXに取り組むと失敗する

　前章までで見てきたとおり、これからの10年は、これまでの社会システムを根底から崩すような動きが同時に起こります。

1 ◆ これまでの知識・経験の延長に未来はない

◆第二次産業革命を超える変化が起きる

　ここで、次の質問を読んでから、目を閉じて少し想像してみてください。

　『もし、明日から突然、電気と電話、自動車がない時代に戻ってしまったら、あなたの日常はどうなりますか？　仕事は？　生活は？　旅行は？』

　電気がない状態とは、毎日停電している状態です。テレビはもちろん、冷蔵庫も洗濯機も使えません。当然、パソコンも。夜は、部屋の中でロウソクを灯すか、月灯りに頼るしかありません。電気がなければ水道も機能しないでしょう。井戸水を効率よく使う生活に戻ります。

　電話も自動車もないため、遠方に出かけるには蒸気機関車に乗る以外にはありません。連絡も手紙に戻るでしょう。これも県外をまたいだ人に手紙を出した場合には、国内でも届くのに1週間はかかりそうです。

　そんな状況で、あなたの現在の仕事は成立しているでしょうか？

　移動も、遠出をするには、蒸気機関車か蒸気船に乗る以外の方法はなさそうです。それ以外では、自転車や徒歩で行ける範囲のところにしか行けません。米国に行くとなると蒸気船で2〜3カ月、欧州に旅行に行くとなると蒸気船でマラッカ海峡とスエズ運河を抜けて半年。あるいはシベリア鉄道なら数週間もあれば到着するでしょうか。

　19世紀の終わりから20世紀の初頭に起きた第二次産業革命が起こる前は、皆、そういった生活をしていました。そして、これからの10年は、その時に起こっ

た変化以上の変化が訪れると言われています。それも10年間という短い間に集中します。

　当時、仕事をどんなに改善したとしても、電気・電話・自動車をいち早く取り入れた企業には、生産性で太刀打ちできなかったに違いありません。それと同じことが、これから起こります。

　図のように、いま発展しつつあるテクノロジーひとつひとつは、経済活動に与えるインパクトは電気や自動車に比べると、さほど大きくないのかもしれません。しかし、ひとつひとつの波は小さくとも、AI、エネルギー貯蔵技術（バッテリーなど）、ロボティクス、遺伝子操作、ブロックチェーン、そして図にはありませんが、IoT、5G、宇宙開発、3Dプリンタ、幹細胞培養、VR／AR、太陽光発電、EV、自動運転、ドローン、ウェアラブル・デバイス、材料工学など、これら多数のテクノロジーの波が同時にやってきています。

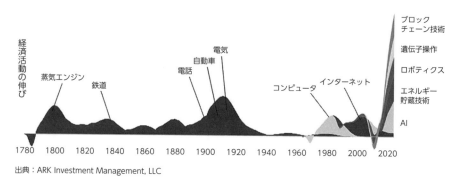

出典：ARK Investment Management, LLC

図：イノベーションが経済活動に与える影響度予測

　そんな中、これらのテクノロジーがなかったか、あるいはまだ稚拙で実用に足りない状態であった2019年までの認識で、いままでの延長で業務を効率化する程度にDXを位置づけたのでは、間違いなく失敗します。効率化は実現するかもしれませんが、企業がなくなります。

　なぜなら、市場がなくなるからです。

「手術は成功した。けど、残念なことに患者はその後息を引き取られた」という状況を許容できるのであれば、この章は読み飛ばしてよいでしょう。あるい

は、あなたの企業がいる業界は、このようなテクノロジーの進化に大きな影響を受けずに生き残るかもしれません。しかし、その可能性はあまり高くないでしょう。

◆ **新しい社会システムを創る側に回った企業が生き残る**

これらの技術を取り入れないといけないと言っているわけでは必ずしもありません。しかし、これらのテクノロジーの出現によって、社会がどう変わるのか、ファイブ・フォース・モデルのどこがどのように変わる可能性があるのかを考えながら、既存事業のデジタル化に取り組む必要があります。

万が一、市場がなくなることが見えていて、いまのリソースの一部を軸にピボットして狙える市場がないとしたら、現在の事業を完全無人化でオペレーションできるようにして、コスト効率を極限まで高めた上で、市場が完全に息絶えるまで動かし続けるしかないかもしれません。

そして、完全無人化ができたタイミングで、残った資金を元手にして、いままでとはまったく異なる分野で、新しい市場をつくり出すというのが正解かもしれません。

そうであるなら、完全自動化がDXの当面の目標になりそうです。その効果は事業の延命であり、少しでも長く、小さくともプラスの利益を出し続けることが成果となります。

これまでの社会システムは、これまで利用できる手段を最大限使った結果できた効率の良いシステムです。しかし、利用できる手段が劇的に増えたいま、そういった新しい手段を最大限に使って効率良くした新しい社会システムは、いまとはまったく異なる世の中になっているはずです。これから生き残る企業は、そういった新しい社会システムを創る側に回った企業になるでしょう。

2 ◆ 新しい世界のルールを知る

どんなスポーツでも、ゲームでも、勝つために共通している条件があります。それは、ルールを覚えることです。これは、ビジネスも同じで、世の中がどのように動いているのか、人々は何を求めているのかを知ることは、とても大切

です。

　世の中が劇的に変わろうとしているいま、それがどう変わっていくのか、未来を知ることは決して簡単ではありませんが、いち早く気づいて、うまく適用できた者が勝つという点は疑う余地はなさそうです。

　それでは、自社を取り巻く未来を知るには、どうしたらよいでしょうか？

　まずは、自社を取り巻く環境がどのように変化するのかについて考えていきます。これには、B2B視点と、すべての産業における最終顧客である生活者視点でそれぞれ考えていきます。

◆B2B視点での検討の仕方

　自社が直接取引のある企業の産業はもちろん、直接取引はないものの、同じサプライチェーンの中に入っている産業について、世の中を変えるチェンジ・ドライバーによって、どのように変わっていくのかを、下表のようにそれぞれ検討していきます。

産業	自社との関わり	チェンジ・ドライバー	チェンジ・ドライバーによってもたらされる変化	自社へのプラスの影響	自社へのマイナスの影響	自社が取り得るアクション

表：B2B視点での自社への影響分析

　産業を漏れなく網羅するには、総務省が公表している日本標準産業分類（https://www.soumu.go.jp/toukei_toukatsu/index/seido/sangyo/index.htm）の中分類か、そのすぐ下の分類を参考にして、表中の「産業」欄に入れてみてください。

　世の中を変えるチェンジ・ドライバーは、テクノロジーの進化によってもたらされるだろう変化や、たとえば洪水やCovid-19といった大きな災害、人口減

少、高齢化のような社会課題など、人々の行動が変わる可能性のある出来事を
入れてください。

◆生活者視点での検討の仕方

　一方で、生活者視点での未来を具体的にイメージすることも大切です。たと
えば、生活者のタイプと生活シーンについて、それぞれ下図の順番でイメージ
を膨らませていきます。

生活者のタイプ×生活シーン毎にイメージを膨らませる

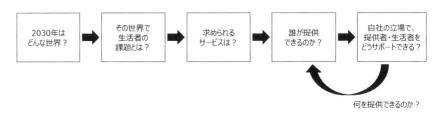

図：生活者視点での未来のニーズ分析

　生活者のタイプは、住んでいる地域（都市、郊外、農村地域、諸島部など）
や、世帯タイプ（独身、夫婦のみ、片親世帯、子育て世帯など）、年齢・性別、
世帯での位置づけ（幼児、小学生、中高
生、大学生、パート、家計を担う大黒柱、
実家暮らしの会社員、年金生活者）のよ
うに、自社の事業が対象とする生活者を
適切にイメージするために分類を決めて
ください。

　生活シーンについては、たとえば図の
ような分類がありますが、自社の事業の
イメージに合うようにアレンジして構い
ません。

図：生活シーンの例

このプロセスは、少人数で考えていてもイメージが膨らみません。それぞれが考えたことを共有し合って、ブレインストーミングをして膨らませるのが理想的です。

3◆グローバルTOP3社までを目指さなければ、生き残れない

◆ディスラプションが起こって再編成された業界の現状

いま、世の中で起こっていることのひとつに、既存の産業をディスラプトして出来た新しい産業では、3社くらいしか生き残れないという現象があります。

たとえば、小売業の世界では、もはやアマゾンに対抗できる企業は中国以外では1社もありません。中国を入れると、中国市場を独占しているアリババ(グループ傘下の淘宝網(タオバオ)を含む)はアマゾンの対抗馬になります。彼らがグローバルに本格的に進出してくるとこの2社で市場は占有されるでしょう。日本では、かろうじて楽天が追従していますが、日本市場だけでは規模が小さすぎるので、体力勝負をしたらアマゾンには敵いません。そして、グローバルへの進出には苦戦しています。

データセンターの世界でも、国内のデータセンター事業者は、市場のクラウド化に伴い、アマゾン、マイクロソフト、Googleの3社に引き離されて、もはやオンプレミスというニッチな市場でしか生き残れません。

音楽業界では、SpotifyとApple Music、Amazon Primeの3サービスで、世界市場がほぼ占められています。映画産業も、ネットフリックスとディズニー・アップル連合の2社が市場をほぼ独占しています。

民泊という市場では、Airbnbが中国市場以外を独占しています。タクシー業界も、東南アジア市場はGrabが独占しています(インドネシアでは、自国生まれのGOJEKとよい勝負をしています)。米国では、UberとLyftの2社がほぼ独占しています。GrabやUberなどのライドヘイリング・サービスが台頭している国では、タクシー会社はトップ1社を残し、次々と撤退している都市もあるようです。

また、アジアや米国を旅行する際にホテルを予約しようとしたとき、ホテル予約サイトはエクスペディア、Booking.comやアゴダくらいしか目にしません。

ホテルズドットコム、トリバゴ等は、エクスペディア・グループの傘下です。このグループの2019年の売上高は120億ドル（１兆2000億円）、営業利益は6.2億ドル（620億円）です。

　一方で、Booking.comとアゴダは、同じブッキング・ホールディングスの傘下です。KAYAKもこのグループに属しています。2019年の売上高は150億ドル（１兆5000億円）、営業利益は53億ドル（5300億円）です。

　下図は、2018年度の世界の旅行会社の売上高ランキングです。

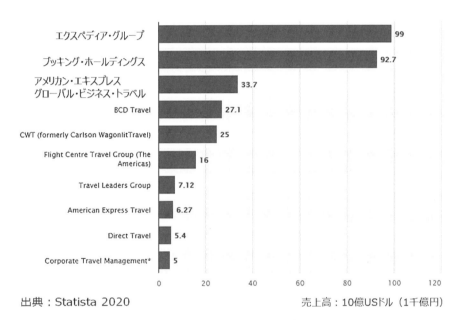

出典：Statista 2020　　　　　　　　売上高：10億USドル（1千億円）

図：世界の旅行会社 売上ランキング（2018）

　これによると、エクスペディア・グループの売上は99億ドル（9900億円）、ブッキング・ホールディングスの売上高は92.7億ドル（9300億円）と１位が入れ替わっていますが、３位以下がかなり引き離されているのが分かると思います。

　これらの例は、すでにデジタル化によるディスラプションが起こって既存の産業が再編成された業界でのことです。つまり、これからの10年に、新しいチェンジ・ドライバーによって既存の産業がディスラプトされた後に新しくつくら

れる産業では、これまでの例と同様に、グローバル市場で2～3社しか生き残れないと考えるのが妥当です。

◆日本の旅行会社2社は、早急なDX化を

　なお、蛇足ですが、意外にも日本の旅行会社は売上高では健闘しているようです。図と同じ2018年の売上高では、JTBグループは売上高1兆3000億円と、世界一のエクスペディア・グループを上回っています。エイチ・アイ・エス・グループは7300億円とグローバル市場では4位に位置しているようです。

　このように日本の旅行会社は日本市場だけしか相手にしていない割には、グローバルレベルで対抗しているのですが、営業利益がどちらも60億円程度と、ブッキング・ホールディングスの100分の1、エクスペディアの10分の1と、比較にならないほど酷い状態です。

　しかし、裏を返せば、この2社はDXを進めることによって、グローバルのTOP2社を蹴落とせる位置にいるということでもあります。この2社はグローバル市場では利益を出せていないので、日本市場をエクスペディアとブッキング・ホールディングスに奪われると悲惨なことになります。すでにエクスペディア・グループのトリバゴは、Covid-19によって誰も旅行に行かない時期にTVCMを積極的に打つなど、日本市場を本気で狙いにきています。

　しかし、たとえ日本市場をキープできたとしても、日本市場は今後急速に縮小していくため、今後成長していくアジア市場でプレゼンスを上げる必要があります。

　また、Covid-19の影響で世界的に出張が減る可能性もあります。どちらにしても、人件費などの固定費が大きいJTBとエイチ・アイ・エスは、売上が下がるとすぐに赤字に転落することになるため、早急なDX化が必要でしょう。

◆10億人以上に影響を及ぼすサービスを企画する

　残念なことに、日本企業は非常に良いサービスを提供していきているにもかかわらず、日本のGDPが世界3位と、日本市場がそれなりに大きいために、企業がサービスを企画する際に、どうしても日本市場から入って、そこで終わってしまいます。

しかしながら、それではグローバル競争に勝ってきた企業に勝てません。資金力が桁違いだからです。桁違いに優秀な人材を、大量に雇うことができるのも、資金力があるからです。

　大きく考えられないのは、日本市場がメインでサービスを考えてしまうからです。グローバルに展開するのに、日本から始めるのは得策ではないかもしれません。日本人は特殊だからです。

　いくらそれを理解してグローバル市場を目標にしようとしても、どうしても日本市場が頭にこびりついて離れない方は、10億人以上に影響を及ぼす事業に取り組むつもりでサービスを企画しましょう。目標値が10億人の単位になれば、日本市場を頭から離すことができます。

4 ◆ SDGsをベースに考える

　前節で、10億人以上に影響を及ぼす事業に取り組むつもりでサービスを企画することをお勧めしました。しかし、日本に住んでいる私たちには、海外の人々が抱えている課題を理解するのは難しいかもしれません。では、どうしたらよいでしょうか？

　それには、37ページで紹介したSDGsに目を向けてみましょう。前述したように、SDGsの17のグローバル目標と169のターゲットは、国連が地球が抱える課題をまとめたものです。これを解決することは、地球上の多くの人たちの課題を解決することと言えます。

　しかし、SDGsといったときに、身近でできること、身近にある課題がSDGsの17個の目標あるいは、そのうちの169のターゲットのどれかに当てはまっているからといって、それをベースにDXを考えるのでは、10億人どころか1億人にも影響を与えることはできないでしょう。

　Think Big, Act Smallです。まずは大きなビジョンを描き、そこに向かって小さく始めるのです。

◆テクノロジーの進化が、地球の問題を解決する

　61ページで、AI、エネルギー貯蔵技術（バッテリーなど）、ロボティクス、

遺伝子操作、ブロックチェーン、IoT、5G、宇宙開発、3Dプリンタ、幹細胞培養、VR／AR、太陽光発電、EV、自動運転、ドローン、ウェアラブル・デバイス、材料工学などの多数のテクノロジーの波が同時にきているという話をしました。SDGsで掲げている目標はとても大きいですが、これらのテクノロジーの力を借りれば、不可能ではなくなりつつあります。

そして、「気候変動への対応」（37ページ）で紹介したように、すでにこれらのテクノロジーの一部を使って、次のような複数のグローバル目標を同時に解決しようとする試みが生まれています。

植物由来の肉や、幹細胞培養による食肉生産は、気候変動の原因となる森林破壊を経済的に意味のない状態にして減らすことにつながります。植物由来の肉は、美味しくともホンモノではありません。しかし、幹細胞培養による食肉は、DNA的にはホンモノです。驚くべきは、どちらもスタートアップが挑戦して最初の扉を開けていることです。そして、その後に大企業が注目して資本を入れる動きが始まっています。

気候変動の原因のひとつとされている二酸化炭素の排出については、化石燃料から再生可能エネルギーへの転換がますます進んでいます。風力発電や太陽光発電のコストは毎年下がり続け、国によっては、すでに化石燃料由来の電力を経済性で上回っています。

バッテリー技術も年々進歩しており、天候による発電量の変動を吸収するコストが7年で10倍安くなっていることで、ますます再生エネルギーへの転換が進むでしょう。

大気中の二酸化炭素をコンクリートに閉じ込めたり、二酸化炭素を、水の電気分解で得た水素と反応させることでメタノールに変換させる研究も実用化まであと一歩のところに来ています。後者のボトルネックは、電力のコストがかかり過ぎることでしたが、無限に手に入る風力と太陽光の発電コストがこれまで通りに下がり続けることを考慮すると、時間の問題かもしれません。

ソーラーパネルとバッテリー、イオン交換膜という新しいテクノロジーの進化によって、これまで飲料水を得るのに何キロも歩いて水を汲みに行かなくてはならなかった村に、使っても使いきれないほどの飲料水をもたらすことに成功したのも、スタートアップです。GivePowerというこの企業は、NGOとい

う手段を取っているものの、テスラでの経験をふんだんに使って成し遂げました。

◆インターネット利用者は80億人へ

　質の高い教育もグローバルで誰でも受けられる時代は、あと少しのところまで来ています。スペースXのスターリンクが1万2000基の低軌道衛星を成功裏に打上げることができれば、地球上をインターネットで覆うことができるようになります。現在、インターネットにアクセスできる人口は世界人口の半分に相当する約40億人です。あと5～6年で、残りの40億人もインターネットにアクセスできるようになります。しかも、4G～5Gの速さでアクセスできるようになります。

　この速度でインターネットにアクセスできるということは、スマートフォンさえあれば、基本的に得られない情報はありません。クリントン元大統領曰く、現在スマートフォンで手に入る情報は、彼の大統領時代に大統領特権で知ることのできた情報以上だそうです。そこには、得られる教育に国境や生まれ、財産による格差はありません。

　腸内細菌が慢性疾患を生み出す原因となっていることに着目して、世の中から病気で苦しむ人をゼロにするという目標を掲げたスタートアップ企業もあります。彼らは、まずは腸内細菌の検査キットの販売から始めています。

　ヒト遺伝子も、わずか1万円程度のコストで100%解析できるようになっている現在、遺伝子や腸内細菌に応じた医療診断やクスリの処方、食事などを個々人に合ったサービスも提供できるはずです。

◆SDGsを営利事業で行う意味

　SDGsの目標やターゲットを解決する行動は、これまでならNPOやNGOが行う慈善事業でした。しかし、現在はソーシャルビジネスという言葉を使うまでもなく、世界中で多くのスタートアップ企業が、営利事業としてこれらに挑戦しようとしています。

　実は、こうしたグローバル規模の大きな取り組みは、寄付金や国連からの資金に頼って事業を行うNPOやNGOよりも、営利事業のほうが成功する可能性

が高いのです。なぜなら、営利事業は、予算を消化するという考えはなく、活動を継続させる資金を自らの事業から生み出すために資金が長続きすることが多く、そして資本家から多くの資金が集まるからです。

　大きなビジョンを掲げて取り組むと、出資する側がスタートアップを選ぶのではなく、出資される側であるスタートアップが出資者を選ぶようになることもできます。前述の腸内細菌の検査キットの販売をしているスタートアップ企業は、グローバル製薬会社やグローバル食料メジャーなどから出資の申し出が絶えず、出資を受け入れてもよいと思える企業以外からの出資はお断りしているそうです。

◆自社ですべてを担う必要はない

　SDGsの目標にように、大きな目標を立てたとき、それをそのスタートアップ1社で完結する必要はありません。水不足に苦しむ村に飲料水をもたらしている前述のGivePower社は、テスラからソーラーパネルとバッテリーの提供を受けています。

　うまく他社を巻き込んだエコシステムを構築することで、共にリスクを取りながら、共に成長していく方法があるはずです。

第4章：Covid-19のパンデミックがDXに与える影響

　Covid-19のパンデミックにより、全世界がロックダウンし、経済が止まりました。モノの流れも、お金の流れも、一部を除いて、ほとんどが止まったのです。「収入が入ってこないのに、支払が続く」「お金はあるが、使うところがない」そういった現象が世界中で2カ月以上、国によっては4カ月以上続いています。

1 ◆ アフターコロナの世の中はこう変わる

　感染の広まりのピークが過ぎ、やがて新たな感染者がいなくなり、ロックダウンが解けても、人々の生活はなかなか元に戻れません。お金が流れなくなったとき、世の中からお金が消えているわけではないのですが、お金が滞っているところと、乾ききってしまったところが出来ていて、それが元のように循環し始めるためには時間がかかります。

　しかし、仮にそれらの滞っていたお金が循環し始め、元のようなお金の流れに戻ったとしても、もう元の世界には戻れないと、世界中の識者が言っています。

　第二波、第三波、そして来年の冬にはインフルエンザとCovid-19の両方が一度に来ると警告する専門家もいます。皆、それに備えるようになるでしょう。すると、人々の生活は、再びロックダウンが起こったときの対策をとることにより、次のように変わるのではないでしょうか？

・皆、モノを節約し、預金を増やすようになる。
・通勤が減る。
・都心の高い家賃の賃貸住宅を避け、郊外や田舎の安い家賃の住宅に住むようになる。
・一方で、山手線の外にある住宅地で、ワンルームマンションの購入が増える。
・出血をいつでも止められるように、サブスクリプション契約をはじめ、年間

契約や長期契約を避けようとする。

・ロックダウン時の生活を充実させ、少しでもストレスを軽減させるための商品やサービスにはお金を使う。

・テレワークが可能な仕事が人気になる。

・従来の学校に通わない人が出てくる。

・ユーチューバーをはじめとして、家にいても収入が入ってくる副業や投資が流行る

このように世の中の価値観が2020年に入って、Covid-19とともに、いきなりガラッと変わっていきそうです。もう元の世界には戻れないでしょう。良いか悪いかではなく、好きか嫌いか、できるかできないかを問いたところで、この流れには逆らえません。

うまく変化できたところが生き残るのです。

2◆企業はこう変わる

人々の生活が変わることにより、企業も変わらざるを得ません。また、企業自体も頻繁にロックダウンが発生したときの対策を考えておかなくてはなりません。まずは、そこから整理していきましょう。

・事業を続けられるように、事務作業はテレワークができる体制を整える。

テレワークを可能にするには、社員全員の家庭のネットワーク環境を整え、パソコンも用意する必要があります。

これまで、日本企業は情報漏えいを防ぐために、個人のパソコンで業務を行うことも、個人が自宅にパソコンを持ち帰ることも禁じる傾向にありましたが、それを見直す必要が出てしまいました。この相反する矛盾をどう解決するかは、悩ましいところです。

一方で、テレワークや在宅ワークを前提に業務プロセスを組むことができると、育児や介護で家を離れることが難しくなった社員が、時間をやりくりして仕事を続けることができるようになるといったメリットも生まれてきます。

・評価制度が変わる。

　これまで、日本の企業は成果主義に移行できませんでした。成果主義を主張したとしても、結局がんばっている姿を見せないと評価されないということがまかり通っています。そんな企業の多くは、今回の在宅テレワークでも、勤務時間中はパソコンがネットワークに接続されているか監視されているという話を聞きます。といっても、せいぜいログを取ってあとで集計するだけです。隣で別のパソコンを立ち上げて、別の仕事をしていても、そこまでは監視できません。

　つまり、努力している姿をアピールするには、働いているポーズをするために、上司に何度も資料の中間レビューを求めたり、こまめにメールでお伺いを立てたりして、エビデンスを残すようになります。

　すると、本来不要なやり取りが増えるだけで、中間管理職はますます（どうでもよい）仕事が増えて、何の成果もないまま、毎日が経過していくことになります。

　これを防ぐには、努力やがんばりで評価しないことを徹底しなくてはなりません。成果主義を徹底しないと、テレワークは機能しません。

・モノを生産している企業は、生産を続けられるように、サプライチェーンを見直し、部品調達と生産拠点を複数の国や地域に分散する企業が出てくる。

・モノが売れ続けるように、オンラインでの販売チャネルを持つようになる。

・ヒトが物理的に動かずに、デジタルでサービスを提供できる事業、デジタルで価値を提供できる事業にビジネスモデルを変換すること（つまりDX）が、ますます重要になる。

・お金の流れが止まらないようにサブスクリプション契約への移行が進む。

・出血をいつでも止められるように、サブスクリプション契約をはじめ、年間契約や長期契約を避けようとする企業も出てくる。

そのひとつとして、都心のオフィスの賃貸面積が減る現象が起こるかもしれません。ロックダウンが起こっても機能し続けられるように、事務作業は、なるべくテレワークに移行しようという流れになることによって、オフィススペースの必要性が薄れてきます。まったくなくなることはないとしても、人数分の机を必要としなくなるでしょう。すでに富士通は、国内のオフィススペースを3年後に半減させるとしています。

・ロックダウンが起こるとモノが売れなくなるので、生産を続けても無駄と判断し、2カ月間生産も販売も止まった後、ロックダウンが解けて注文が入り始めたときにすぐに出荷して売上に計上できるようにするために、在庫を多めに持つようにする。

3◆成長分野を狙う

　Covid-19によって変わった後の、新しい環境の中で、成長していく分野を考えてみましょう。

　ご存じのように、すでに、勝ち組は出ています。皆が家に居ながらにしてモノを買い、食事を買います。アマゾンやUberイーツ、宅配便のようなオンライン通販や宅配業者は、大きく売り上げを伸ばしています。テレワークを可能にしたZoomは、昨年までは一部のビジネスマンにしか知られていなかったのが、あっという間に誰しもが知るようになりましたし、家庭内で楽しめるNetflixは、購読者を増やしました。

　それと同時に、多くの人が暇つぶしに、そして少しでも収入を増やせればと、YouTubeやZoomで自分のスキルを配信し始めました。SNSも含めて、一気にコンテンツという資産を増やしました。

　残念ながら、いまのところ、感染症によって、利益を出せる業種は限られています。それでも、さまざまな業種でそれぞれの事情に合わせて変化が必要な分野はたくさんあります。以下にそれを見ていきましょう。

●教育産業

　感染症対策で春休みが前倒しになり、新学年がいつまで経っても始められない状況の中で、学校によってオンラインで授業を開始しているところも出始めました。しかし、それぞれの家庭の事情、学校や教員の事情で、オンラインで授業を提供できるところは限られています。なにしろ、教材がオンライン学習用に作られておらず、教師たちの創意工夫によって成り立っています。

　しかし、今後は、オンライン学習を前提としたさまざまな変化が起こることが考えられます。まず、文科省が推奨する教科書や教材に、オンライン教材が加わることでしょう。既存の教科書を出版してきた出版社にとって残念なことは、彼らにはまだオンライン学習に合った教材を作る技術を持っていないことです。

　次に、オンライン学習の機会が増えれば増えるほど、学校に行かないでもよいという考えが出てきます。まさにテレワークと同じ考えです。そして、これは不登校で苦しむ子どもたちに学習の機会を提供するという利点があります。テレワーク専門の私立高校ができる可能性もあります。

　さらには、学習塾もオンライン専門の学習塾が出てきています。これはオンライン専門の私立高校が学校法人としての認可が下りると私立高校に変わる可能性もあります。もちろん、放送大学があるくらいなので、オンライン大学も当然出てきそうです。

　これらオンライン私立学校の良いところは、全国の国民、あるいは世界の人々に対して、教育ビジネスを展開できるということです。距離の制限がないために、より多くの人にリーチできます。そして、教材自体は毎年繰り返し使えるため、人件費もほとんどかからない可能性があります。あるいは、教師は生徒の理解を助けるだけの存在になるのかもしれません。そうなると家庭教師と変わりません。

　場所の制限を持つ既存の学校は、学校経営に悩んでいますが、オンライン私立学校の出現は、彼らの経営をますます厳しい状況に追い込む可能性があります。しかしオンライン私立学校も楽ではありません。サービス提供エリアが広ければ広いほど、安価に提供しても利益は高いため、日本市場よりもグローバル市場を相手にするほうが有利です（もちろん、それだけ競争も厳しくなりますが）。

　生徒も、日本語だけで勉強する日本のオンライン私立学校と、英語で勉強す

るグローバルのオンライン私立学校とを選択するようになるかもしれません。

　オンライン学習の教材も、これから大きく成長していくでしょう。教材の面白さや成果が、競争優位に直結します。また、国によって異なる歴史解釈がありますが、グローバルでより多くの人に使われた教材の歴史解釈が、世界の主な理解となってしまう恐ろしさもあります。たとえば、南京大虐殺が実際にあったのかどうかや、朝鮮併合が同意の下だったのか、侵略だったのかなど、現在国によって解釈が違う歴史認識のことです。

　オンラインの学習教材は、単に講義をZoomで流すだけのレベルから、ゲームや映画などのドラマを活用したものになるでしょう。それも、映像からVRやARによる没入型のものになっていきます。戦争の悲惨さや、戦争の経緯を、文字や映像ではなく、まるで過去にタイムスリップして目の前で繰り広げられているのを体感することが主流になります。

　化学変化や温度や圧力の変化による物質の状態変化を、目で見ることもできるようになります。

　さらにVRコンテンツが発展すると、個々人のそれぞれの意思で、偉人の考え方や、世界を変えているヒトの考え方を、彼らの生活を疑似体験することによって、個々人にインストールすることも可能になるでしょう。

　このように、教育産業は、今回のことをきっかけに、デジタル・トランスフォーメーションがいきなり進み出すことでしょう。

●金融業

　金融業も特に銀行や資金決済業で、これまでの変化に拍車がかかりそうです。現金を触ることへの抵抗から、非接触の電子決済がますます進み、定着していくでしょう。LINE PAYやPAYPAYのみならず、海外では銀行口座と直接連動したウォレットをスマートフォンにダウンロードして利用するようになっていますが、日本でもそういったサービスが主流になってくる可能性があります。

　今回の感染症の流行以前から、欧米でも途上国でも、ネオバンクという新しいタイプの銀行が急成長しています。それらは、支店を持たず、スマートフォン上で預金も振込も買い物への支払も行えるため、もはや旧来の銀行口座が不要になります。

銀行業務はすべてデジタル化することが可能です。ローンの審査も統計的に貸倒の確率を計算することで、人間がいなくても可能になります。したがって、ネオバンクは人件費もオフィスの賃料も不要であるため、マージナルコスト（一口座増えたときに増える費用）は無料に近づき、既存の金融機関に比べると圧倒的に高い利益率を実現できます。

●医療
　医療も大きく変わっていくでしょう。今回、もっとも命の危険にさらされていたのは医療従事者です。また、病気やケガで医者にかかりたくても、病院がパンクしていたり、感染症のリスクから受け入れてもらえなかったりして、困窮した人が多数出ました。これからは、感染症を前提とした医療体制が必須になってきますが、現在の医療は課題が満載です。そして、課題が多ければ多いほど、そこにはビジネスのチャンスが生まれます。

　今回、米国では、あるスタートアップが開発した病院の中のコミュニケーションや業務効率化を促進するためのSaaSサービスが、試験的に多くの病院で受け入れられシェアを拡大することができていました。現在は無料で提供していますが、有料化した後も定着して利用し続けてもらえれば、このスタートアップは6章で説明するJカーブの死の谷を越えたことになります。

　また、日本でも緊急措置的にオンライン診療が許可されましたが、欧米ではAIによる問診やCT画像の診断も許可されました。大きな課題がなければ、欧米ではこのまま定着するでしょう。いつまた感染症が流行するかもしれないために、この分野への投資は進むはずです。

　オンライン診療を助けるために、スマートウォッチなどによる非侵襲的な（からだを傷つけない）センサーへの研究も拍車がかかります。

　Covid-19は、PCR検査で陰性であっても、CTスキャンで特異的な肺炎が見つかれば、ほぼ間違いなく罹患していることが分かるといいます。しかし、CTスキャンは高価ですし、X線を利用するため、病院やクリニックに行かなくては測定できません。しかし、医療の画像測定の分野でも、スタートアップが台頭してきています。

　たとえば、Openwater社は、赤色光が骨や肉を透過することに目を付けて、

従来のMRやCT検査機の1000分の1のコスト（10万円程度）で、持ち運び可能な測定器を開発しています。赤色光や赤外線は、身体の組織内で発散するのですが、この発散した光をホログラムの原理を逆にして集光することで、身体の組織の状況を可視化することに成功しています。

このポータブルで低価格の測定装置は、MRやCTよりも細かい精度で、より早く測定できるといいます。癌や肺炎を測定できるばかりか、肺炎を光で治療することもでき、心筋梗塞が血管の詰まりが原因なのか、血管の破裂が原因なのかを測定することもできるといいます。

こういった機器が家庭にあれば、そして取得した画像をクラウドに上げられれば、かなり高精度のオンラインAI診療が実現できます。

医療用具も変わるでしょう。イタリアでは、人工心肺向けのアダプターが在庫切れを起こしたために、急遽3Dプリンタで製造して急場をしのぎました。これは、各病院に3Dプリンタとその原料の在庫があれば、いつでも医療用具を自前で制作できることを意味します。

病院や薬局に行かずにクスリを処方してもらうにはどうしたらよいでしょうか？　これもオンライン診療と、クスリの宅配を可能にするだけです。おそらく世界的には、これが主流になるでしょう。

●小売業

小売業については、2極化していきます。ひとつは、生鮮食品をはじめとした生活必需品を販売する店舗での対応です。もうひとつはオンライン通販の機能が必須になることです。

生鮮食品や薬局など、生活必需品を販売する小売店は、感染症が危惧されている状況でも、店舗を開けて営業し続ける必要があります。一方で、店内にヒトが殺到すると、買い物客ばかりか、店員への感染リスクも高まります。

これを防ぐために、店の入り口に体温を測定するセンサーを置いたり、前述の医療用の画像測定デバイスを設置して、空港の手荷物検査のように、健康状態に異常がないかを非接触で測定したりすることで、異常のあるヒトは店外に誘導する仕組みが導入されるかもしれません。

支払も非接触が推奨され、Amazon Goのような無人レジが導入される可能

性もあります。日本でも、セルフレジはすでに導入が進み始めました。コンビニエンスストアでも導入が進んでいますが、労働力不足と相まって、セルフレジ導入は進むでしょう。その場合、顔認証システムなどによって、犯罪防止機能の導入も進むと思います。

　あとは、在庫の入庫と棚出しですが、これもロボットに置き換わる可能性があります。

　もうひとつのオンライン通販ですが、これはどんな業種であっても、導入が進むでしょう。

　スーパーもネットスーパー化は十分考えられます。問題は、ロックダウンになったときに、どうやって自社のサイトに顧客を呼び込むかです。何も対策をしていないと、Amazon.comと楽天市場にアクセスが集中します。Amazon.comに出品しても、全国のショップとの価格競争に巻き込まれますし、楽天市場に出店するのはコストが高すぎます。

　そのためのひとつの方策として、ポイントカードやスタンプカードをスマートフォンのアプリに移行するといった手段も考えられます。

●飲食業

　飲食業では、無人化か従来通りかの2極化が進むでしょう。

　無人化については、接客だけが無人化される可能性はあります。回転ずしのような形になるかもしれませんし、サービスエリアのように食券を購入して出来上がったらカウンターに取りに行くというオペレーションも考えられます。その場合、食券はスマートフォン上のアプリで発行されるQRコードによる非接触型のものを購入することになるのではないでしょうか？

　回転ずしのようにするには、設備投資のコストがかかりすぎるため、後者の食券タイプの導入が進むのではないかと思います。

　一方で、特にカウンターとテーブルが2〜3個の小さな居酒屋やバーなどは、従来通りの接客を継続すると思われます。こういった店舗は、店員との会話がウリなので無人化するとお客さんが来てくれないからです。こういったお店は、今回と同じで、Uber Eatsのような宅配（出前）の他、加工食品をオンラインで販売することで、ロックダウン時期を乗り切るしかありません。したがって、

スマートフォンのアプリやSNSなどで顧客とのコミュニケーションを密にして
おく必要があります。

●運送業・宅配業

　オンライン通販やレストランのデリバリーが増えると、課題になってくるの
は、宅配のコストと、要員の確保と感染対策です。しかし、自動運転の宅配ロ
ボットが実用化するのはもう数年先でしょう。10年以内には導入が進むと思い
ますが、感染症対策という点では、しばらくいまの状態が続くと思います。

　現存する企業以外にも新規参入が増えるとするなら、配達要員を確保するの
が非常に重要になります。より条件の良い仕事を紹介してくれるクラウドソー
シングのオンライン人材派遣業が成長する可能性があります。

●不動産関連業

　テレワークの普及・定着により、不動産業界は大転換期を迎えるかもしれま
せん。企業は、高い家賃を支払い続けて都心の一等地にオフィスを維持する理
由を失いかけています。少なくとも、全員分の机を置くのを廃止して、会議室
と出勤した人だけが働けるスペースがあれば十分です。

　個人も、今回のテレワークで、出勤をしなくても働けると実感した人は多く、
郊外や田舎に居住してテレワークで働くスタイルに移行しようとする人が増え
ていくのではないかと思います。実際に相模原市にある橋本駅から徒歩20分の
マンションが急に売れるようになったという話も聞きました。駅から遠い郊外
のマンションが売れるなんて、少し前まで想像すらできませんでした。

　自宅では仕事がしづらい人たちは、自宅の近くの作業場所を望みます。喫茶
店やコワーキングスペース、シェアオフィスなどが都心だけでなく郊外・田舎
の駅前やロードサイドに出来てくるでしょう。

　そうなってくると、都心の不動産価格は大きく下げる可能性があります。一
方で、郊外や田舎の景色の良いところへの移住が増え、不動産価格が上昇、新
たな物件が増えていくでしょう。これは、都市貧困の削減や地方創生にプラス
に働きます。

第二部
新たな世界で
生き残るためのDX

第**5**章：改善でも変革でもない。求められるのは創造

　事業には、寿命があります。会社の寿命が30年であるという説を聞いたことがあるでしょうか？

　これは、2018年11月22日付の日本経済新聞夕刊によると日経ビジネスが1983年に主張したのが始まりのようです。現在は、これが縮まっていて、東京商工リサーチの調査によると2018年に倒産した企業の平均寿命は23.9歳と出ています。

1 ◆ 事業のライフサイクル

　寿命が何年であろうと、企業が倒産するまでにたどる成長・衰退過程は、Ichak Adizes氏が「Corporate Lifecycles: How and Why Corporations Grow and Die and What to Do About It」という著書の中で、コーポレート・ライフサイクル・モデルという概念で紹介しています。

　自社が、どの状態にいるのかを知ることは、DXを進めていく上で、良い指針になります。

　以下に、次ページ図コーポレート・ライフサイクルの各段階が、どのような状態なのかを記します。

　自社がどの段階なのかを考えながら読んでみてください。

◆恋愛中

　創業者が頭の中にあるビジョンやアイデアを夢見て、昼夜、野心的なプランを考えることに夢中になっている状態です。創業者が腹をくくって、リスクを取って具体的な行動を始めると、次の段階に行きます。

　もし、創業者が決断をせずに諦めてしまうと、そこでビジネスの種が終了します。

◆乳幼児

　ビジネスが始まり、売上が立ち始めるものの、まだプロセスも事務手続きもない状態です。事業は不安定で、まるで乳幼児のように目を離す暇がないため、創業者は毎日寝る間もないくらい働いていてプライベートはありません。意思決定は、すべて問題が発生することがきっかけで、毎日新しい問題が発生します。

　キャッシュフローをつなげるために、長期的な計画は後回しになりがちです。すべてが毎日のようにコロコロ変わるので、このタイミングでプロセスを確立しようとしてもムダに終わります。

　この時期は、売上が続かずにキャッシュフローがマイナスになったり、創業者に本気度が足りなかったりするとすぐに死（乳児死亡）に至ります。

◆3歳～小学校低学年

　ビジネスはお金を生み出し続けるようになり、急成長します。

　企業は、楽観的かつ自信に満ち溢れるようになり、処理能力を超えてしまい

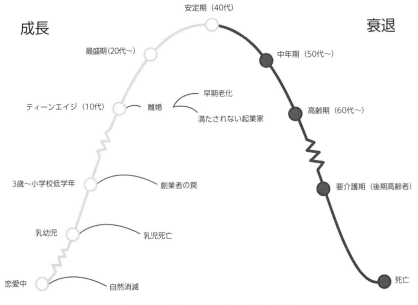

図：コーポレート・ライフサイクル

ます。にもかかわらず目に入ってくる機会には、すべて飛びつき、小さなプロジェクトがいくつも生まれます。

　したがって、新規採用を増やすものの、マネジメント体制が確立されていないため、作業がずさんになり、品質が低下します。

　この段階では、創業者が権限移譲を始めないと、全員が創業者に意見を求めるようになり、創業者がボトルネックになり、成長が止まってしまうリスクがあります（創業者の罠）。

◆ティーンエイジ（10代）
　創業者はCOOを任命して、会社経営を移行する時期です。
　新しい組織図が必要です。
　創業者が権限を委譲するのは簡単ではなく、社内での衝突が生まれます。なぜなら、創業者や創業メンバーは会社を自分たちの人生と思っている一方で、経営のプロは会社を、これまでやっていた単なる仕事のひとつと見なしているからです。
　COOの最初の仕事は、小学校低学年のときに始めた、無数の小さなプロジェクトを整理・統合していくことです。これらは多すぎて、きちんとフォローされていないプロジェクトばかりです。したがって、戦略的な一貫性を求め、進捗状況を測定する方法やプロセスを導入するようになります。
　これも既存の社員たちを含めて、不満と混乱を生み出す要因になります。しかし、このような対立を解決できれば、青年期に入ることができます。
　一方で、これらの対立を解決できない場合には、2つの事象のどちらかが起こります。

①早期老化
　創業者は事業を引退または売却することを決定します。管理好きの専門家であるCOOが引き継ぎ、コストを削減することで、一時的に利益が向上します。しかし、アイデアを使い果たします。創造的なエネルギーと創設者のビジョンがなければ、会社は成長を止めて停滞します。初期のApple社が、CEOにスカリーを雇ったことにより、創業者のジョブズが追い出された話は有名です。

②満たされない起業家

　雇ったCOOが会社を去り、会社は成長を止め、創業者が当初思い描いていた世界観を実現するところまで到達できません。

◆**最盛期（20代～）**

　創業者とプロの経営陣が共通の明確なビジョンで合意すると、会社は勢いに乗った状態になります。すべてが一体となって前進していきます。俊敏かつ強力なプロセスのおかげで、人数が増えても一貫した品質と成果が出せています。

　小学校低学年の時期と同じアグレッシブさを持ちつつも、業績は予想可能です。プロセスを常に改善することで、より多くのことを達成し、より早く効率的にできるようになります。

　最盛期の企業にとっての最大のリスクは、自己満足と成功に満足してしまうことです。

◆**安定期（40代）**

　最盛期から安定期への移行は非常に静かで、誰も気づかないうちに徐々に時間をかけて進行します。しかし、これは終わりの始まりを示すものであり、最も深遠な移行です。

　企業はこのとき業界のリーダーになっていますが、以前と同じ意欲と飢えはありません。新しいアイデアを歓迎するものの、熱意はあまりありません。

　銀行出身者がCOOまたはCEOとして会社を経営しており、株主を満足させるために、将来の成長に必要な研究開発に投資するのではなく、短期的な結果に焦点を当てています。

　経営陣は快適に馴染み、現状を変えたくありません。彼らには彼らなりの成功の秘訣があり、それから外れたことをすることに消極的です。社内政治も問題として顕在化してきます。人々は、WhatよりもHowにこだわります。

　この時点で会社は非常に大きいため、変化への対応が非常に遅くなります。この段階からは、業績を下げていく道しかありません。

◆中年期（50代）

　会社は年をとるにつれて、物事のやり方を変えることを拒否するようになります。管理職たちは会社を前進させるために過去の成功体験に依存していますが、それではうまくいきません。

　企業は、成長し続け、変化しないと死んでしまいます。しかし、中年期の企業では、波風を立てたり革新を起こしたりすることは許されません。したがって、会社は悪化し始めます。

　市場や外の状況とのつながりが失われ始めています。中年期企業はかつてないほど多くのお金を稼いでいますが、そのお金を投資する新しい取り組みはありません。この段階での管理者は、多くの場合、多額のボーナスと高額の給与を受け取ります。

　企業は独自の新しいイニシアチブへの投資を停止しますが、主に若く革新的な新興企業の買収にいくらかお金を費やしています。このようにして組織に活力を注入しようとしますが、買収されたスタートアップは、重いトップダウンの管理と官僚制の下では、窒息してしまうだけです。

　会社の人々は実際の仕事よりもドレスコード、装飾、タイトルを重視しています。会社で働くことは、高級な会員制クラブに所属しているような気がし始めます。新しいアイデアは会社の存続を脅かすために破棄されますが、一方で業績の低下は許容されます。

　同社は市場とのつながりを失い始め、徐々に顧客を失います。誰も悪いニュースをトップに伝えたくありません。気づいた時には手遅れになります。

◆高齢期（60代）

　経営陣が利益の減少を隠すことができなくなったとき、彼らは誰かの責任にしよう（魔女狩りをしよう）とします。彼らはすべてのエネルギーを、問題を解決するために利用する代わりに、スケープゴート（非難する誰か）を見つけることに費やします。幹部は自身に帰属する既得権益を保護するために戦います、そして、多くの後戻りと、ささいな嫉妬があります。

　通常もっとも生産的なマネジャーは、みずから去るか、追い出されます。顧客が不都合な悩みの種として扱われ、「本当の問題」から気を散らしている間、

粛清と内紛は続きます。

　ただし、スケープゴートが見つかって削除されても、問題は個人ではなくシステムにあるため、問題は残ります。

　彼らの利益を取り戻すために、同社はコスト削減に焦点を当てていますが、それはビジネスにさらに害を与えるだけです。

◆ 要介護期（後期高齢者）

　魔女狩りは残っている才能を追い払い、救いとなる希望を持ちます。新しいCEOが混乱と乱気流をおさめるためにやってきます。しかし、新しいCEOは安定性、プロセス、反復可能な実行を重視しているため、クリエイティブな人々は去り始め、イエスマンが重要な役職に上がり、企業文化は完全に変わります。

　残っているのは、イノベーションを阻害する手順、ポリシー、および事務処理だけです。

　この時点で会社は生命維持装置につながった状態にあり、ほとんどすべての顧客がこれまでに無視され続けたために去ってしまったので、もはや利益を生み出すことができません。会社がまだ存続している唯一の理由は、ある種の外部からの補助金が得られているからです（たとえば、規制された環境にあり、政治的関連性があるか、政府が救済する必要があるほど大きすぎるか）。しかし、補助金が取り除かれると、それは終わりです。

◆ 死亡

　会社の死はゆっくりと引き延ばされるプロセスであり、数年かかる場合があります。会社がコストを賄うために必要な現金を生み出せなくなると、会社は規模を縮小して資産を売却し始めます。

　会社はすでに沈没しかけている船ですが、それを終わらせる責任を誰も感じていません。誰もいなくなり、オフィスの賃貸契約の有効期限が切れるまで、人々はみずから去っていくか解雇されていきます。

2◆常に新しいものを生み出さなくては滅びる

◆DXにおいてもっとも重要な局面は安定期から中年期

　前項で会社が勢いよく成長している状態から、勢いを失くして失速し、衰退していく様を見てきました。あなたの企業は、どの段階にいたでしょうか？

　DXを考えるとき、この事業のライフサイクルでもっとも重要な局面は、安定期から中年期です。皮肉なことに、ティーンエイジでは、新しい取り組みをそぎ落とし、重要なことにフォーカスすることが大切でしたが、最盛期から中年期にかけて再び新しい取り組みが必要になるということです。

　しかしながら、いったん新しい取り組みを止めてしまい、最盛期の主力事業で活躍しているメンバーが幅を利かせてくると、再び新しい取り組みを始めるのは難しくなるものです。

　前述のように、新しい経営陣は、短期的な利益を求めがちになるので、長期的な投資は避けたがります。そんなこともあって、ティーンエイジの混乱の中で、辞めることを踏みとどまったクリエイティブでチャレンジ精神旺盛な社員でも、最盛期には辞めてしまうことも多いでしょう。

　そんな場合、DXで新しいものを生み出すのではなく、既存のスタートアップをバイアウト（購入）するという手段もあります。

　これを早いタイミングで行っているのが、フェイスブックです。フェイスブックは、2012年4月に、2年前に出来たばかりで社員13名、売上ゼロのスタートアップを、10億ドル（1100億円）で買収しました。みなさんがご存じの写真共有アプリ「インスタグラム」を開発している会社です。

　また、2012年7月に創業、翌8月にクラウドファンディングのサイト、キックスターターで9500人から244万ドル（約2億7000万円）を集めたスタートアップを、1年半後の2014年3月に20億ドル（2200億円）で買収しました。これは、VRのハードとソフトを開発している「オキュラス」です。

　当時のフェイスブックは、まだ最盛期に入って間もない頃だったと思います。それでも、将来に向けて投資できたのは、創業者のマーク・ザッカーバーグとフェイスブックのオペレーションを担当している役員たちとが良い関係でいた

からかもしれません。

　インスタグラムは、買収後すぐにフェイスブックの価値を上げました。オキュラスは、2020年代以降にフェイスブックというSNSサービスに代わって主力事業になるでしょう。

◆長く続く企業の条件
　数十年にも渡り、長く続いてきた企業は、連続したSカーブを描いて成長すると言われています。このSカーブ効果は、Chandana Jayalath氏が2010年にUnderstanding the S-curve of innovationというタイトルで、Improvement & Innovation.comに寄稿した記事で紹介された概念で、それ自体は次章で紹介するJカーブと同じだと理解してください。

　ただ、Jカーブ効果は始まりからスケールするまでの死の谷にフォーカスが当たっているのに対して、Sカーブ効果は、カーブの後半の衰退するタイミングにフォーカスを当てています。

　つまり、下図のように、カーブの後半の衰退するタイミングで、次のSカーブが始まっていれば、全体としては高い業績を出し続けられるということを言っています。

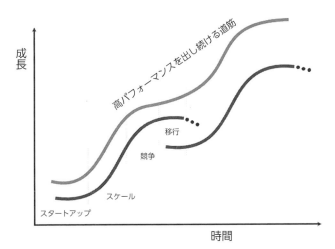

図：Sカーブを連続させられる企業が長く続く

これを、前項で紹介したコーポレート・ライフサイクルで説明すると、安定期から中年期に入る前のタイミングで、新たに乳幼児から小学校低学年が育ってくると、企業の寿命は長くなるということを意味します。

　理解を深めるために、音楽メディアとプレイヤーを例にとってこのことを考えてみましょう。

　最初のSカーブは、カセットテープと再生機だとします。カセットテープの誕生とともに、ラジカセ（ラジオ付きカセットテーププレイヤー）が市場を作ります。時が経つとともに、ラジカセはウォークマンとなり、そのウォークマンも最初は重く大きかったものが、サイズがスリム化され、軽量化された商品に代わっていきます。

　そして、次のSカーブはCD／MDとCDプレイヤー／MDプレイヤーです。CDが誕生することで、カセットテープはその役割を終え、MDやCDプレイヤー／MDプレイヤーに代わっていきます。

　そして、そのCDもメモリー型のプレイヤーであるメモリースティックとダウンロード販売に移行する過程でうまく移行できず、iPodとiTune Music Storeに取って代わられます。これが3番目のSカーブです。

　ソニーは、2つ目のSカーブまで成功しましたが、3つ目でアップルに市場を奪われました。その経緯を少し詳しく紹介すると、ソニーは、3つ目のSカーブへの移行を実現するために、CBSを買収し、ソニーミュージックとソニーピクチャーズを作りました。しかしながら、ダウンロード販売を実現するために必要なデジタル音源やデジタル映像の著作権を整理できずに、メモリースティック・ウォークマンへの移行に手間取っていました。当時、デジタル映像のダウンロードにもっとも反対していたのがディズニーでした。

　ところがその当時、アップルに戻ったスティーブ・ジョブズは、彼が保有していたピクサー社をディズニーが欲しがったため、ディズニーと株式交換したことにより、ジョブズがディズニーの個人筆頭株主になり、社外取締役にも就任しました。それにより、アップルはiPodを開発し、iTune Storeでダウンロード販売を開始できました。そして、結果的にソニーは3つ目のSカーブに乗り損ね、中年期に突入、高齢期に至ります。

　そのアップルも、安定期にiPhoneという新たなSカーブに飛び移りましたが、

音楽・映像分野は集中力を欠いていたのでしょう。この分野の4つ目のカーブには乗り遅れ、SpotifyやAmazon Music, Amazon Prime Video, Netflix等のサブスクリプションモデルに市場を奪われてしまいます。

このように、市場が安定期にいるうちに、次のSカーブに乗り移らない限り、どんな大企業であっても、企業は衰退していき、やがてコダックやブロックバスタービデオのように死に至ります。

3◆現在のUXをデザイン思考で考えても無駄

◆DXを考える上でもっとも大切な概念、UX、CX

DXを考える上でもっとも大切な概念のひとつに、ユーザー・エクスペリエンス（UX）やカスタマー・エクスペリエンス（CX）があります。

ビジネスは、お客様がお金を払ってくれてはじめて成り立ちます。

かつて需要が供給を上回っていた時代は、企業は何を売っても顧客は買ってくれましたし、顧客は買うだけで満足していました。競争が激しくなってくると、顧客は価格と品質に対して厳しい目を向けるようになりましたが、それでも適切な価格と適切な品質があれば商品は売れました。

満足しないお客様がいたら、カスタマー・サポート部門がその理由を聞いて、商品に不具合があれば商品を送り直し、商品がお客様のニーズに合っていなかったら返品してもらい、お金を返します。

しかしながら、需要をはるかに上回る供給がある現在では、お客様は安くて品質が高い商品であっても、お金を払ってくれません。もう、モノだけでは満足しなくなってしまいました。

顧客は、もはやパリに行ってエッフェル塔やモナ・リザを見るだけでは満足しなくなりました。現地に住んでいる人しか知らないようなお店や、ローカルな街に行くなど、現地の人と同じ生活感を味わったり、交流したりする体験に価値を見出すようになりました。
「行った、直接見た」という事実ではなく、「本物を体験した」という事実に対してお金を払うようになりました。

同様に、顧客はもはや高級品を身につけて、周囲の人たちから一目置かれる

だけでは満足しなくなりました。お金では買えない体験や、一生忘れない仲間とのしあわせな時間にお金を使うようになりました。

　それでも、モノがまったく必要なくなった訳ではありません。時計やカレンダー、電卓、新聞、辞書・百科事典、地図、手紙、住所録等は、いまだに頻繁に使われています。しかしながら、それらは、デジタル化（ソフトウェア化）されて、パソコンに納まっています。

　さらには、電話と電話帳、カメラ、アルバム、メモ帳、iPodのような持ち運びできる音楽プレイヤー、それにパソコン自体もスマートフォンに吸収されてしまいました。

　これで、もし外出中に、何か家に置いてきたものが突然必要になっても、たいていのことはスマートフォンがあれば用が足ります。

　スマートフォンは、消費者の日常生活のあらゆる体験を便利にしました。場所を取らずに保管できるだけでなく、自由に持ち運びできるようになり、一方の情報を他方にコピペできるようにもなりました。

　覚えておきたい重要な情報も、書類を持ち歩くことなく、さらにはいちいちメモを取ることもなく、スマホで写真を撮っておけば、出先で必要なときに表示することができるようになりました。

　このようにお客様や商品の利用者の体験を変えることがUXでありCXです。

◆デザイン思考の限界

　そして、これらを検討するのによく利用されるのがデザイン思考です。

　デザイン思考は、満ち足りたお客様が次に何を欲しいと思ってもらえるか、使ってもらえるかを決めるための手法です。

　ターゲットのお客様を観察し、隠れたウォンツやニーズを見つけ出し、プロトタイプを作成して、お客様に試してもらい、その反応をもとにプロトタイプを改良し、商品化につなげていきます。

　既存のサービスを改善するのであれば、お客様のサービスの利用の仕方や動機、行動を観察し、より便利な方法を考えることがデザイン思考を用いたUXです。スマホアプリのUXをデザイン思考で考えることもあるかと思います。

　ただ、それ自体を否定するものではありませんが、残念ながら、それらは短

命に終わってしまうでしょう。

　なぜなら、テクノロジーが変わったら、また新しいUXが現れて、顧客を奪い去っていくからです。スマホは、あと５年もすればARメガネのようなスマートグラスに取って代わられてしまいます。

　もちろん、ARメガネが主流になるときには、ARメガネ向けのアプリを開発する前提で、その前に顧客を集めて囲い込むというのであれば、それでよいと思います。必ずしも、今からマイクロソフトのホロレンズやマジックリープ社のARメガネを使って作る必要はありません。

　つまり、大切なのは、未来を見据えて考えることです。

4 ◆ 新しい習慣を生み出せ

◆優れたUXは、優れた顧客体験を生み出す

　個人的な感想ですが、ここ数年新しいサービスやアプリを使ってみて、UXが優れていると感じたものがいくつかあります。UXが優れていると感じる理由は、初めてでも感覚的に使うことができ、すぐに操作を覚えられて、過去の類似のアプリに戻りづらいものがあるからです。

　たとえば、オンラインセミナーツールのZoomやRemo、WeChat PayのようなQRコードでの決済、オンラインデートアプリのTinder、民泊サービスのAirbnb、UberやGrabのようなライドヘイリングサービスです。

　これらに共通するのは、優れたUXによって新しい習慣を生み出していることです。

　優れたUXは、優れた顧客体験を生み出します。利用者は、使ってみた体験に感動し、また使うだけでなく、周囲の人に伝えたくなります。伝えたい人が隣にいない場合には、LINEやMessengerで友人に伝えますし、もっと大勢に伝えたい場合には、TwitterやFacebookなどのSNSで拡散してくれます。

　たとえば、Zoomはオンライン会議ツールとして知られるようになりましたが、元々は米国や豪州でセミナー業界の人たちが、世界中に散らばった不特定多数の顧客に対してセミナーやグループコンサル、グループコーチングを行うために使い始めることにより広まりました。

Zoomが普及し始めた当時は、オンラインで動画や画面共有をしながら会話するツールとしてはまだSkypeが主流でしたが、参加者が4〜5人以上になると、画像だけでなく音声が乱れるなど、実用に耐えませんでした。

　そのほかにもGoogleのHangoutがありましたが、やや使いづらくて初めて利用する際にすんなりと利用できなかった上に、Gmailと連動する等のUXが、逆に自身の誤動作を含むセキュリティ上の不安を抱かせて普及しませんでした。

　Zoomは、パソコンでもスマホでも操作が簡単で、すんなり利用できることから、利用者が急速に拡大しました。

◆生き残るサービスの特徴

　Zoomが出る前と後では、世界が変わりました。Zoomを体験すると、リモート会議なんて論外だと思っていた人たちが、ホワイトボードを挟んでブレインストーミングをするなど、直接集まって打合せしたほうが便利なことは残っているものの、情報共有やパワーポイントやエクセルの資料をもとにしたディスカッションでは不自由なく行えることに気づき始めました。スタートアップ企業をはじめとして、世界中で普及し始めました。

　そして、Covid-19による世界各国での外出禁止令によりテレワークの必要性が増したタイミングで、一気にアウトブレイクして、それまで届かなかった大企業ユーザー層にも知れ渡るようになりました。

　このように、新しい習慣を作り出したサービスは、形が変わっても生き残るでしょう。

　ARメガネが普及し、物理的なパソコンやスマホが世の中から消えたとしても、オンライン会議は残ります。ZoomがAR化への対応を間違えなければ、10年後も生き残っているでしょう。

　ライドヘイリングサービスも、自動運転によって運転手は不要になるかもしれませんが、ロボットタクシーを呼び出す手段として、UberやGrabは生き残る可能性が高いです。

　Covid-19の感染対策によって旅行が減れば、Airbnbの需要は悲惨なくらい落ち込みますが、これが落ち着けば、旅行者がホテルの代わりに利用できる宿泊手段としての民泊は復活し、廃れることはないでしょう。

スマホを介した電子マネーによる支払体験が浸透するにつれ、その便利さから、現金での支払に戻る理由がなくなっていくでしょう。財布を持たずにスマホだけ持てば外出できるようになり、支払時の小銭を扱う煩わしさもなくなり、さらにはレシートを見ながら家計簿を付ける作業も不要になります。こうなると、もはや現金による支払には戻りづらくなります。

　DXを考えるのであれば、現在あるものの改善ではなく、新しい習慣を創造することが有利です。何かを改善したものは、いずれ、それが拠り所としているプラットフォームごとなくなります。新しい習慣を創り出せれば、プラットフォームが変わっても、新しいプラットフォームの上でも生き残ることができるのです。

第6章：新規事業開発をするには

　企業が事業の新しい芽を育てるときによくやりがちなのは、R&Dセンターをつくったり、研究所をつくったりすることです。

　本当に初期の段階で、どんなことに取り組めばよいのか分からない段階では、これは有効だと思います。一方で、こういった組織で検討し続けているだけでは、いつまでも売上を上げることはできず、顧客が使ってくれるような洗練されたものをつくることもできません。いつまで経ってもビジネスとしてモノになる可能性はほとんどないでしょう。

1 ◆ ラボではなく、独立したビジネスユニットにする

　たとえば、ゼロックスのパロアルト研究所は、わたしたちが現在利用しているPCやスマホのソフトウェア技術の多くを生み出しましたが、彼らはそれを研究していただけで、それをビジネスにしたのは、スティーブ・ジョブズと言われています。

　イノベーションを起こすのはラボでもよいのですが、次にそれをビジネスにすること、すなわちインキュベーションが大切になります。それを可能にするには、独立した事業組織（IOU：インデペンデント・オペレーション・ユニット）であることが望ましいと、「キャズム理論」などのイノベーション戦略理論を生み出してきたジェフリー・ムーア氏は言っています。

◆ 組織のメンバーをどう構成するか

　彼は、社内組織であっても、通常のスタートアップ企業（ベンチャー企業）と同じように、組織内に全権を持った管理職、営業、マーケティング、エンジニア、サービス担当、サポート担当などのリソースを保有するべきだと言っています。その組織で、小さな事業（マイクロビジネス）をつくっていき、それを大きく育てていくのです。

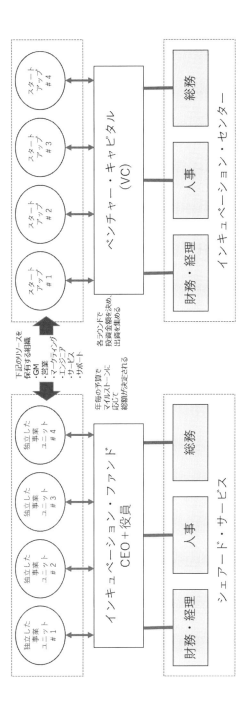

図：新規事業開発の体制とスタートアップの体制

このようにすることで、新規事業開発に携わるメンバー全員がこの事業だけに集中することができ、それまでの業務に引きずられることを防げます。たとえばマーケティング担当が、新規事業のマーケティングを専任で担当することになったとしても、既存のマーケティング部の中では、マーケティング部の一員として新規事業に関係ないことまでに労力や意識を配らないといけなくなるものです。

営業担当にいたっては、本人も上司も、業績が上げやすい既存事業の商品やサービスに時間を費やすようになるのは目に見えています。それこそ、まだ、まともな製品がないタイミングでは、営業担当は売るモノがないという理由で、新規事業への関与を避けるようになるでしょう。しかし売るモノがない初期のタイミングでもセールスはPoCを通して、顧客のニーズを得るためにできるだけのことをしてもらわなくてはいけません。

たとえばクラウドファンディングを使った製品開発のように、製品が出来る前に顧客に販売することだって、不可能ではないのです。さらには、MVP（商品コンセプトの価値を理解してもらうのに必要な最小限の機能を備えた製品）が出来上がったタイミングでは、準備が出来ておらず、最初の顧客層（イノベーター層）の獲得に失敗する可能性すら出てきます。

◆予算の付け方

この独立した事業組織は、ムーア氏によると、通常の企業で組織ごとに許可される予算（経費として費やしてよい金額）で活動するのではなく、VCのファンドと似たようなファンドから、資金を調達して、その範囲で活動することになります。そして、毎年決まった予算が貰えるわけではなく、スタートアップの多くがたどるマイルストーンによって、金額が決まります。

そのマイルストーンとは、シード・ラウンド、シリーズAラウンド、シリーズBラウンド、シリーズCラウンドといったものです。

マイルストーンと各段階のミッションは、一般に次のようなものです。

・シード：テクノロジーの開発、PoC（コンセプトの検証）の開発からMVP（ミニマム・ヴィアブル・プロダクト：コンセプトを体感できる最小限のスペッ

クの製品）の開発と、最初の顧客層（イノベーター層）獲得を目指す。

・シリーズA：事業が本格的に動き始め、商品・リリースの認知が進み、顧客が増え始める成長ステージ。この段階では、アーリー・アダプター層を顧客に取り込んでいくものの、まだコストに見合う収益が回収できないか、ようやく収支が均衡した直後のタイミングで収益性は低い。

・シリーズB：ビジネスを拡大し、顧客数でキャズムを超えることを目指す。そのために、品質に揺らぎがないようにプロセスを確立し、品質を強化し、サポートの体制を強化する。

　次ページの図は、スタートアップの資金調達ステージを次節で紹介するJカーブに当てはめ、さらにガートナーグループのHype Cycle理論とジェフリー・ムーア氏のキャズム理論とを、時系列を合わせた図です。人によって、時間的な解釈が異なるため、必ずしも正確ではないかもしれませんが、頭を整理するために作成しました。

　まず、チームは企画書を作って、その企画でテクノロジーを開発したり、MVP（コンセプトを体感できる最小現の機能を持つ製品）を開発したりするための資金を、インキュベーション・ファンドに申請し、プレゼンをします。インキュベーション・ファンドの審査をするのは、既存事業のCEOはじめ役員たちです。

　そして、シード・ラウンドで集めた資金をもとに、テクノロジーを開発したり、PoCを行ってコンセプトを実証したりしなくてはなりません。そしてMVPを完成させ、販売を開始します。まずは市場の2.5%を占めるイノベーター層に受け入れられることを目指します。

　資金が底をつくまでに目的を達成できなければ、そこで終わりで失敗とみなされます。CEOや役員たちに失敗を印象づけるのですから、それなりのプレッシャーがかかります。一方で、多くのスタートアップが乗り越えられずに解散していく「死の谷」を乗り越えなくてはなりません。

　シード・ラウンドの中で資金が底をつく前に、MVPがイノベーター層の顧

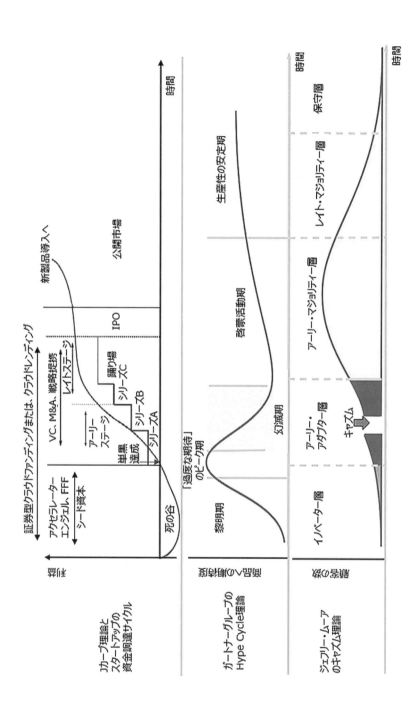

図：スタートアップの利益と顧客獲得数、期待度と、資金調達のタイミング

客に受け入れられ、無事に死の谷を乗り越えられたら、次のシリーズAラウンドで、もう少し大きな金額の資金を集めます。この時も、またインキュベーション・ファンドに資金を申請して、CEOと役員たちの前でプレゼンをします。この頃にはまだ黒字になっていません。

　シリーズAで集めた資金で、次は顧客から得たフィードバックから製品・サービスを改善し、マーケティングプロセスを見直すなどして、市場の13.5%を占めるアーリー・アダプター層に受け入れられる必要があります。黒字にはなりますが、大きな利益は上げられません。売上を伸ばすために、調達した資金によって、設備拡充や生産力を工場させていき、優秀な人材を増やしていくことになります。

　商品・サービスの認知度を拡げ、アーリー・アダプター層のニーズに合わせてブラッシュアップを行うためのマーケティング費用や、市場調査コストも必要になります。

　これに成功したら、次はシリーズBです。ここで追加資金を得たら、企業はアーリー・アダプター層からキャズムを超えて、市場の34%を占めるアーリー・マジョリティー層に受け入れられなくてはなりません。しかし、この段階では、経営が軌道に乗って安定化し、収益がどんどん伸びていく時期でもあります。商品・サービスの質をさらに向上させます。

　組織の規模は、中人数以上のチームを抱えるようになり、ビジネスモデルはほぼ確立された状態になっていきます。

　シリーズBでは、主に仕入費用や設備費用で、売上の状況によっては突発的にまとまった資金が必要になり、経営拡大のために人員を増やすことによる人件費も圧迫し始めます。そのため、キャズムを超えられないと、急速に業績が悪化してしまいます。

2◆新規開発プロジェクトがたどる共通パターン

◆成功するための6ステップ

　スタートアップが陥りがちな危機的な状況のメカニズムをうまく説明して

いるのが、Jカーブ効果です。これは、ハワード・ラブ氏が『The Start-Up J Curve: The Six Steps to Entrepreneurial Success（スタートアップのJカーブ：起業で成功するための6ステップ）』の中で紹介した理論です。彼は、スタートアップの進捗には、共通点があるといって、これを説明しています。

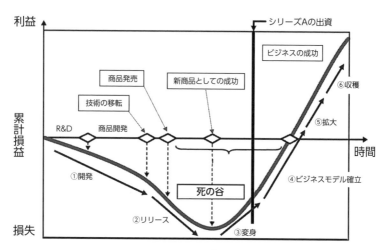

図：スタートアップのたどる道

ハワード・ラブ氏は、典型的なスタートアップのパスを次のように6つのフェーズに分けました。それぞれに違った成長のパターンがあります。

①開発

業界をディスラプトし、大きな利益を出せるような素晴らしいアイデアを思いついたとします。チームと資金を集めて、刺激的でわくわくする日々が続きます。しかし、最初の商品の構築を開始すると、さまざまな問題が出てきます。そして、当初考えていたよりも多くの時間と資金が必要となり、キャッシュフローが圧迫されていきます。

②リリース

そんな厳しい状況の中、さらに悪いことに、この時期になるとなかなか思う

ように進まなくなるものです。それでも何とか最初の商品を発売するところまで漕ぎつけます。最初の計画よりも、かなり時間がかかりました。そして、商品を発売しても、なかなか売れません。

③変身

何がうまくいっていて、何がうまくいっていないのかを、何度も検討し、顧客に受け入れられるポイントを見つけます。誰かしらに好かれるものは、必ずあります。不要な機能やうまくいかないやり方を捨て、顧客のウケが良いものを取り入れ、うまくいくやり方を採用します。

こういった努力を繰り返すことで、多くの人に受け入れられる商品が出来上がります。イノベーター層の一部を惹きつけ始めると、希望が見え始めてきます。しかし、シリーズAの出資が決まるまで、キャッシュフローはもっとも厳しいタイミングと言えるでしょう。

④ビジネスモデル確立

商品の問題が解決し、次はマネタイズするという課題に取り組みます。このフェーズのゴールはビジネスモデルを確立することです。

最終的なキャッシュフローを確保し、コストを削減し、収益を最大化する必要があります。正しく実行できれば、このフェーズは、上向きの軌道に進める原動力となります。

⑤拡大

ビジネスモデルが見つかれば、次はそれを拡大します。そのためには、人、プロセス、お金に焦点を当てる必要があります。ビジネスを次の段階に押し上げるには、小規模ビジネス運営者のマインドセットから脱却する必要があります。これは心理的なものなので、違った難しさがあります。しかし、うまく拡大できれば、もっとも経済的に報われる段階になります。

⑥収穫

この段階で、事業を次のステージに展開する機会が訪れます。IPOを決断す

るか、既存事業の主力に変えていくのか、売却するか、あるいは別の事業を買収してさらなる成長を目指すかなどです。

　以上はスタートアップについて書かれたものですが、既存事業の中で、新規事業開発をIOUで進める場合も、新規事業はスタートアップと同じJカーブをたどります。各段階ともに非常に重要なポイントがありますが、なかでも②のリリース期と、④のビジネスモデル確立期は非常に重要です。

　まずは②のリリース期に訪れる「死の谷」を乗り越えなくてはなりません。ほとんどのケースでは、ここで資金が尽きてしまいます。

　一方で、④のビジネスモデル確立期ですが、顧客に受け入れられることが分かったとしても、ビジネスとして利益を出せなくては、続けられません。このビジネスモデル次第で、シリーズBに進めるかどうかが決まります。

3 ◆ 開発フェーズは、デザイン思考で

◆ 5ステップで進めていく

　では、新規開発プロジェクトの最初の仕事である、開発フェーズについて、そのアプローチを考えていきましょう。

　ここでは、デザイン思考が役に立ちます。デザイン思考を考案したIDEAのCEO、ティム・ブラウンは、デザイン思考の前に、質問または課題を設定することが大切だと言っています。

　その質問・課題に対する解決策を、デザイン思考を用いて考えていくのです。

　デザイン思考のプロセスは、以下の5ステップで進めていきます。

①Empathize（共感・理解）
②Define（定義・明確化）
③Ideate（アイデア開発・創造）
④Prototype
⑤Test

ステップ0
質問・課題
の設定

事業で取り組むべき大きな質問・課題を設定する。

既存事業の最終顧客の不満や不便さを見つける

ステップ1
Empathize
共感・理解

ユーザーを深く理解し共感する

ステップ2
Define
定義・明確化

アプローチすべき質問・課題を明確にし、定義する

ステップ3
Ideate
アイデア開発・創造

問題解決のアイデア（仮説）をなるべく多く出す

顧客課題の解決方法の検証

ステップ4
Prototype

ステップ5
Test

問題解決のアイデアやユーザーのニーズについて立てた仮説を検証するために、モックやたたき台などを作り、素早くユーザーのフィードバックをもらい、それを受けてモックを作り直す。これを繰り返すことで、ユーザーニーズを満たすものに仕上げていく

技術的課題の検証

ステップ6
PoC
(Proof of Concept)

主に、技術的な課題を検証するプロセス。数回に分けて行うこともある。

ステップ7
MVP
開発

ユーザー課題と技術的課題の両方を解決する解決策を合わせ込み、最小限の機能を満たした商品を開発する。

図：開発フェーズのプロセス

そして、④と⑤に並行して、技術的な課題を検証してクリアにするPoCステップ（ステップ6とします）と、デザイン思考とPoCの結果を統合して、最初の商品に落とし込むMVP開発ステップ（ステップ7とします）。

⓪質問・課題の設定

しかし、その前に質問・課題の設定について触れます。この設定を間違えると、インパクトの小さな改善に終わってしまいます。一方で、大きな課題を設定すると、SDGsのような大きな課題を解決するアイデアが出てきます。

たとえば、ビル・メリンダ財団がバックアップしているAcumen基金は、次の質問を設定しました。

「いかにして再貧国の人々が安全な水にアクセスできるか？」

「同時に、どのようにして地域の水の供給業者をイノベーションに導くことができるだろうか？」

その質問に対してデザイン思考で検討した結果、革新的な製品やサービスを生み出しました。コミュニティの奉仕活動戦略、ビジネスモデルが出来上がり、新しい貯水タンクと水の運搬カートのデザインが出来上がり、市場に投入されました。そして、同様のプロセスがアフリカ東部のいくつかのNGOで進行中だそうです。

企業の中で新規事業を開発する場合には、既存の製品やサービスの顧客、その先の最終顧客が抱えている本質的な課題を設定するところから始めるのがよいでしょう。

①Empathize（共感・理解）

質問・課題を設定したら、次はその恩恵を受ける顧客を設定します。そして、その想定顧客のところに行き、注意深く観察します。これは、従来のフォーカスグループを使ったインタビューやデータから推測するのとは違うアプローチを取ります。メンバーが顧客の身になって考えるのです。そのためには、顧客と同じ体験をする必要があるかもしれません。

たとえば、次のようなものです。

自閉症とアスペルガー症候群の成人を助ける英国の慈善団体、キングウッド

トラストで、メンバーの一人が、自閉症で言葉を話さない患者の家に行って、彼を観察したときに2つの行動に目が留まりました。

　自閉症の彼が革のソファーをつまんだり、壁のへこみをこすったりしていたのを見て、当初、彼女はそれをソファーを台無しにしたり、壁を傷つけたりする、破壊行為だと考えました。しかし、2回目に訪問したときに、違う可能性に気がつきました。

　ソファーをつまんでいるのは革の生地の感触を楽しんでいるのかもしれないと考えました。次に、彼女は彼と同じように壁に耳をつけてみると、上の階からの音楽の振動によって、耳にわずかなくすぐりを感じました。そして、その状態で滑らかで美しいくぼみをこすると心地良かったのです。彼は、壁を壊しているのではなく、快適でリラックスできる音声触覚体験を得ているのだと認識しました。

　その結果、彼女は自閉症の彼をより深く理解しただけでなく、健常者がいかに彼らを偏見で見ていたかということに気づき、彼らが日々豊かで楽しい生活を送るために、生活空間、庭園をどう設計したらよいかという質問を設定したのです。

　顧客に共感し、理解をすることの雰囲気がイメージできたでしょうか？

　こういった共感・理解のプロセスは、メンバーそれぞれが行います。そして、そこで得られた顧客に対する理解は、それぞれ異なるため、全員が他のメンバーに共有するというプロセスが必要になります。しかし、それぞれが得た情報や知識とそれに対して感じた感覚を、他人に共有することほど難しいことはありません。感情を伝えるのは、誰にでもできることではありません。

　これを効果的に行う手法のひとつに、ギャラリーウォークと呼ばれるデザインを考えるエクササイズがあると、バージニア大学ダーデンスクールの経営学の教授、ジャンヌ・リートカ氏は、ハーバード・ビジネス・レビュー（HBR）に寄稿した記事、「Innovation ┊ Why Design Thinking Works」で紹介しています。

　ギャラリーウォークは、教室で行われるアクティブ・ラーニング手法のひとつで、次の要領で実施します。

ⅰ 共感・理解のプロセスで各人が収集したもっとも重要なデータを選択し、それを大きなポスターに書き留めます。多くの場合、これらのポスターはインタビューを受けた個人を紹介し、写真と引用文で自分の感じた感覚や発見を表現します。

ⅱ ポスターを部屋の壁に貼り、主要な利害関係者はこのギャラリーを見学し、ポストイットに書き留めて、貼っていきます。皆が回ってきたときの質問に答える時間と、自らが他のポスターのところに行って説明を聞き、ポストイットを貼る時間をうまく調整します。

ⅲ その後、利害関係者は小さなチームを形成し、それらのポストイットを共有し、整理・統合し、テーマ別に分類します。

　このプロセスは、インタビューを受けた人々がギャラリーを閲覧する人々に鮮やかでリアルな感じを与えるため、他のメンバーが自分の偏見に過度に影響され、見たいものだけを見てしまう危険を減らします。そして、共通のレポートとしてまとめられ、メンバーが共通した理解を持つことができます。

②Define（定義・明確化）
　ここでは、アプローチすべき問題を明確にして、ニーズを分類する段階です。前述のHBRの記事では、アライメント（一列に揃える）プロセスと呼んでいます。
　Empathize（共感・理解）で顧客の身になって考えた後に、ワークショップまたはディスカッション形式で、「もしも何でも可能だったら、どんなことをするのが顧客にとって最適か？」という質問を投げかけ、より小さな質問・課題を導きます。
　ここでの質問・課題は、デザイン思考に入る前に設定した「質問・課題」の内側に潜む、より具体的な質問・課題であり、先の「質問・課題」をレベル０とすると、ここでの「質問・課題」はレベル１、レベル２の細かい粒度となります。
　前段階で顧客に寄り添うことで得た発見や理解に対して、それ自体を制約と捉えるのではなく、それに対して考え得る可能性に焦点を当てて考えます。
　顧客の行動の裏にある動機について、「なぜだろう」を繰り返すことによって、

当たり前と思っていた現状に対する不満が浮かび上がってきて、新規事業開発全体を通してチームが一体化する共通の質問・課題（レベル1、2）に到達しやすくなります。

③Ideate（アイデア開発・創造）

　顧客に対するチームの共通理解が定まり、それに対するアプローチすべき具体的な質問・課題が定まったら、それを分類して絞り込み、仮説やアイデアを検討します。

　それには、可能性のある解決策について対話の場を設けるところから始めるのが効果的だと、ジャンヌ・リートカ氏は次の例を用いて説明しています。

　米国で6番目に大きい小児医療センターであるテキサスのチルドレンズ・ヘルスシステムが、地域医療の抱える問題に取り組んだときの事例では、Empathize（共感・理解）の間、臨床医が「医療・治療でないと解決できない」という偏見をいったん脇に置いて進めたことで、住民たちが知識を必要とし、それを支えるネットワークがない限り、医療だけでは限界があることに気がつきました。そして、「医療センターの中で解決しなくてはいけない」という制約を外すことで、それは医療センターだけでは解決できることではないという意見でまとまりました。

　そこで、チルドレンズ・ヘルスシステムは、医療センターをはるかに超えて広がる新しい健康エコシステムの共同デザインを外部に依頼しました。問題が大きいので、小さなものから始めることにし、まず喘息を管理するための新しいモデルを作成するためにチームが編成されました。

　このセッションでは、病院の事務局、医師、看護師、ソーシャルワーカー、患者の両親、ダラスの学区、住宅当局、YMCA、および教会組織のスタッフが集まりました。

　まず、チームは、発見プロセスからの学びを共有しました。

　次に、各参加者は、自分の教育機関が子どもたちの問題にどのように貢献できるか、という可能性について、付箋にアイデアを書き留めて、ひとりひとり個別に考えました。

　それから、各出席者は5つのテーブルのいずれかで小さなグループに振り分

けられ、参加者が個々のアイデアを共有し、それらを共通のテーマにグループ化し、患者である子どもたちとその家族にとって理想的な体験がどのようになるかを想像しました。

すばらしい変革のアイデアや仮説は、このような対話から生まれることが多いとジャンヌ・リートカ氏は言っています。チルドレンズ・ヘルスでは、プロジェクトに招待された外部のチームメンバーがコミュニティに活気を与え、行動を起こし、新しいビジョンを実現するために必要な関係を維持しました。

たとえば、住宅当局の代表者たちは、住宅ルールの変更を推進し、査察官に子どもの健康問題（カビの存在など）を査定に組み込んでもらいました。

地元の小児科医は一連の標準的な喘息プロトコルを採用し、喘息の子どもの両親は、家庭訪問を通じて他の家族に集中的な教育を提供するピアカウンセラーとして重要な役割を果たしました。

このように、仮説やアイデアを膨らませる際に、外部のメンバーを集めてディスカッションすることは、多かれ少なかれ実行可能な、いくつかの競合するアイデアを生み出します。一方で、それだけだとチームが無意識のうちに暗黙の仮定を置いている可能性があります。アイデアの基礎となる仮定が本当なのかどうかを吟味することが、成功に必要な条件となります。

④Prototype

一般的に、プロトタイピングは、すでに主に開発されている製品またはサービスを微調整するプロセスと位置づけることがよくあります。しかし、この段階では、はじめのうちのプロトタイピングはまだまだ未完成の状態で実行されます。製品というよりはモック（模型）といったほうが相応しく、開発中に行う、ユーザーとの反復的な体験になります。

したがって、ゼロからの設計し直しや作り直しも含めて、根本的な変更が何度も発生する可能性があります。

ニューロサイエンス（神経科学）の研究では、人々に何か新しいものを提案する場合、彼らに事前学習させることで、あるいはリアルに想像させることで、新しい価値をより正確に想定してもらえるという現象が認められています。

そのため、デザイン思考では、顧客に提案しようとしている「顧客体験」の

主要なポイントを満たしたモックを作成する必要があります。

　これらは一般的なプロトタイプではありません。スタートアップが作る「MVP：実行可能な最低限の製品」のレベルには到底及びません。

　このモックを顧客に見せることで、顧客のフィードバックを受けて、そのモックを改良し（あるいは別のモックを作り直し）て、また顧客に見せる、といったことを繰り返していく目的で作られます。

　このようなモックは、次のように、実物とはかけ離れていることもあります。

　たとえば、新しい事務所のレイアウトを決める場合、設計士がやるようにCADで3D画像をつくったり、縮小スケールの模型をつくったりすることもできますが、現場で天井からシーツを吊るして壁と見立てることで、顧客の反応をテストすることができます。

　それが診療所であれば、看護師と医師を呼び、患者役のスタッフと疑似的な治療業務を行ってもらうことで、治療をより容易にするためにスペースをどのように調整できるかを一緒に考えることができた事例もあります。

　アプリであれば、PowerPointでもよいですし、絵コンテを使うことだってあります。

　次のテスト段階で顧客のフィードバックを受け取り、それを受けてまたモックをつくるということを繰り返していくうちに、プロトタイプは徐々に製品に近づいていきます。

⑤Test

　プロトタイプが出来たらテストをします。前述のように、プロトタイプとテストは対のようになって、納得のいく結論に達するまでは、何度でも繰り返されます。そうやって何度も繰り返した後に、当初の仮説やアイデアが顧客に受け入れられるものであることを証明していきます。

⑥PoC（Proof of Concept）

　このプロトタイプを作ってテストをする繰り返しのプロセスに並行して、技術的な課題を解決するためにPoC（Proof of Concept：仮説の証明）を行います。これも、手順はプロトタイプを作ってテストをするという④、⑤のプロセスの

繰り返しと同じように実施します。④、⑤がユーザーのニーズを検証すること
に主眼が置かれるのに対して、PoCでは技術的な不安要素を解消していきます。

⑦MVP開発

　ユーザーの抱える課題を解決する（ニーズを満たす）より良い顧客体験を提
供するために必要な機能や要素を④と⑤のステップで検証し、ステップ⑥で技
術的な課題を乗り越えたら、次はこの2つを統合して、ひとつの商品／サービ
スに仕上げていきます。

　こうして新しい顧客体験を提供できる、ユーザーニーズを満たす最小限の機
能を商品として作り込むのがMVP（Minimum Viable Product：実行可能な最
低限の製品）です。

4◆クラウドファンディングをうまく活用する

◆新規事業開発や商品開発に非常にマッチ

　クラウドファンディングというと、個人が慈善事業的なことをやるときに、
お金を寄付してもらうサイトのようなイメージがありますし、そうでなくても
資金調達の手段として考えることが多いと思います。

　しかし、クラウドファンディングは、実は新規事業開発や商品開発に非常に
マッチします。米国でも、日本でも、クラウドファンディングのポータルサイ
トが急速に発展したのは、経済的な危機で資金を獲得するのが困難なタイミン
グでした。

　米国では、サブプライムローン破綻に続く、リーマンショックなど、金融市
場と不動産市場が同時に崩壊したことにより、スタートアップにとっての資金
調達手段が限られてしまったため、Kickstarterや、IndieGoGoなどのクラウド
ファンディングが急速に注目を浴びました（それまでは、ダウンロード販売が
主流になったことでCDの売上が激減したミュージシャンが収入を得るために
使われていました）。

　日本でも、東日本大震災によって犠牲になった老舗企業や地域自体を支
援しようと寄付を募る手段として、CAMPFIRE（キャンプファイヤー）や

READYFORが生まれ、若い世代の間で急速に普及しました。

　先に述べたように、クラウドファンディングは資金調達手段というよりは、予約販売手段というように認識したほうがよいかもしれません。

「こんなモノがあったら欲しい人いるかな？　ある程度欲しい人がいれば、つくろうと思うんだけど。1個当たり○○円で欲しい人がいたら、ボタンをクリックしてね～！」

「俺欲しい！」「私も！」

　そんなノリで、賛同者と同時に開発資金（の全部または一部）を集めるのがクラウドファンディングです。これを、スタートアップの開発プロセスに組み入れたらどうなるでしょうか？

　企業によっては、日頃からファンと継続的なコミュニケーションをしている企業があるかもしれませんが、ほとんどの企業はそのようなコミュニケーションは行ってきていないという前提で考えてみましょう。

　前節の開発フェーズのプロセスの順に考えていきましょう。

ステップ0「質問・課題の設定」

　ここでは、既存事業の最終顧客の不満や不便を探すフェーズです。コアなファンがいればよいのですが、そうでないとしたら、ゼロから作り上げていくほかはありません。多少時間のかかる方法ですが、TwitterなどのSNSを活用するのがよいと思います。

　Twitterであれば、公式アカウントを開き、フォロワーを増やすところから始めます。インフルエンサーを利用したり、他のメディアを使ってキャンペーンを打ったりするなど、なるべく短期間で数多く集めます。

　ある程度のフォロワーが集まったら、現在の企業や商品、あるいは同じカテゴリーの商品についての不満や不便についてのコメントを引き出すようなTweetをするなどして、潜在的なウォンツ・ニーズになるようなヒントを集めます。

　そうして集めた情報をもとに、顕在的または潜在的にどのような商品やサービスがあれば、より多くの利用者が喜ぶだろうかという点についてディスカッションをし、事業で取り組むべき質問・課題を設定します。

ステップ1「共感・理解」

　事業で取り組むべき質問・課題を設定したら、次は、その対象となる利用者や想定利用者の悩みを理解する段階となります。これには、設定された質問・課題に影響を与えたフォロワーによるTweetや、それに類似するコメントを拾い上げ、それを書いたフォロワーにインタビューへの協力をお願いしてはどうでしょうか？

　悩みや不満・不便について、できるだけ具体的に書いてくれた人や、単なる想像ではない体験を持っていそうな人に協力者になってもらうのが理想です。

　そして、協力者に対して、形だけのインタビューをするだけでなく、手間はかかりますが、ひとりひとりについて、そのような想いに至った背景を浮かび上がらせることが重要になります。

　場合によっては、NLPの専門家や心理カウンセラー（幼稚園や学校の先生経験者でもよいかもしれません。大人であっても「子ども」時代からの深層欲求によって物事を考えていることは多々あります。彼らは、子どもたちの行動の裏にある気持ちを汲み取る経験が豊富です）に対面でインタビューを行ってもらうことにより、そのような想いが導かれたことに影響している深層心理や過去の成功体験やトラウマについて理解することも有用だと思います。

　TVのドキュメンタリー番組のように、数日間生活に密着して、インタビュー映像を撮らせてもらうことが効果的なケースもあるかもしれません。

　なお、悩みや不満・不便について、自身の強い体験から意見を言ってくれた人に協力者となってもらうことは、後のステップでも重要になります。

　利用者にとっては、そういった想いに対して誠実に受け止めてくれ、一緒になって解決しようと頑張ってくれる企業に対して、反感を抱くはずはありません。大企業であるほど、一般の消費者の一人が、直接企業の担当者と何度も接触し、商品・サービス開発の一翼を担える機会は、ほぼありません。そんな経験ができただけでも、その企業に愛着を持つでしょう。

ステップ2「定義・明確化」

　ステップ1に協力してくれた人たちから得られた情報、つまり彼らのコメントや意見と、その背景にある過去のトラウマ、成功体験、学歴、職業、現在・

過去の家庭環境、生活環境、居住環境などを、プロジェクトメンバーの中で、机の上にすべて広げてみましょう。

　そして、商品の機能を加えるというような小手先の手段によって解決できるような質問ではなく、彼らの生活環境全体にまで思考を拡げ、「何が改善したら、そのような不満や不便、悩みが解消されるだろうか？」について、ブレインストーミングしてみましょう。

　そうして出てきた多くの「根本原因」の仮説の中から、「コレは！」とプロジェクトメンバーの大多数が思える「もしこれがあれば（なければ）、この悩みは解決するのではないか？」という課題を１つ２つ絞り込みます。このとき、複数の根本原因の案をひとつに統合できるかもしれません。

ステップ３「アイデア開発・創造」

　ステップ３では、ステップ２で出てきた、「もしこれがあれば（なければ）、この悩みは解決するのではないか？」という質問の、「あれば／なければ」をどうやって実現するのか、どうやって提供するのかについて、問題解決のアイデア（仮説）をなるべく多く出します。

　その範囲も、たとえば当初はスマホアプリの開発を想定していたとしても、スマホアプリだけを対象に考えを制限するのではなく、世の中のあらゆることがうまくいくことを前提に考えます。そのためには、プロジェクトメンバーの中だけで考えるのではなく、利用者でもある協力者や、その課題に関連すると思われる人や企業にもディスカッションに参加してもらうとよいでしょう。

　単なる商品ではなく、エコシステムをつくるきっかけが生まれるかもしれません。

ステップ４・５「プロトタイプ」＆「テスト」

　ここで、ようやくクラウドファンディングの出番です。クラウドファンディングで出品するのは、「かたち」のあるプロトタイプや商品である必要はなく、はじめは課題を解決する「コンセプト」について出品することで、世の中の反応を見ることができます。

　クラウドファンディングに出品したら、ファンに協力してもらい、口コミで

広げてもらいます。世の中に対して、あるいは類似した商品に対して、似たような不満・不便・悩みを持っている人がどのくらいいるのかの感触をつかむことができるでしょう。そして、そういった人々に、なるべく広く伝わるようにします。その人たちの心をつかむことができるコンセプトであれば、かなりの反響があるに違いありません。

反応があれば、ある程度の資金が集まりますし、反応がなければ資金は目標額に届かないでしょう。

ここでは、資金を集めることは第一の目的ではなく、むしろ中途半端なコンセプトで中途半端な資金が集まってしまうことのほうがリスクですので、オール・オア・ナッシング（目標額に達しなければ、一円も受け取れない）で出品しましょう。

一度で終わりではなく、何度も繰り返すことで、コンセプトを市場に対してチューニングしていき、作るべきMVPが持つべき要素・機能が明確になった時点で、最後のクラウドファンディングでMVP開発資金として勝負します。

クラウドファンディングのもうひとつの利点は、開発する前に、その商品が売れているため、社内にニーズの存在をアピールでき、稟議を通すのも容易になることです。

5 ◆ 既存システムも既存顧客も切り捨てる

企業が新規事業開発を行う過程で障壁になりやすいのが、既存システムや既存顧客です。「新しいサービスを行うには、既存システムの変更が必要だが、システム側のリソースがないので1年以上先になる」とか、「既存顧客に不利になるような商品・サービスはよくない」などといった物言いが、既存事業側から上がってきて、それが新規事業開発に致命的な妨害になるからです。

ところで、既存システムはともかく、既存顧客を切り捨てるというのは、前項のクラウドファンディングでファンに協力してもらうのと逆のことを言っているようですが、そうではありません。既存の商品・サービスに満足している顧客は、新事業では考慮しなくてよいというだけです。

◆「既存システムを切り捨てる」意味

　新規事業を行うにあたり、会計システム、受発注システムや在庫管理システム、それらが商品であれば、物流システム、生産システムなどが必要となります。これらを既存事業のシステムを利用するのではなく、新規事業向けのものは別に用意するということです。

　現在は、クラウドベースのSaaSシステムが普及しており、事業規模が小さい企業が利用するには、何の支障もありません。これらはSaaSまたはクラウドサービスと呼ばれています。

　従来は、システムを導入するのは、時間も費用もかかりました。サーバというハードウェアを購入し、そこに別途購入したOSやDBMS（データベースエンジン）をインストールし、さらにアプリケーションソフトをインストールします。そして、データセンターを借りてそこにサーバを設置し、データセンターから社内やインターネットに繋げるネットワーク回線を借りて、やはり購入するネットワーク機器に繋ぎます。

　これらを導入するには、複数の専門的な知識が必要とされるため、導入コストもそれなりにかかります。

　事業を開始するにあたり、こういったものを用意しなくてはならず、用意するには、数カ月以上かかっていました。前述のアプリケーションソフトについては、市販のパッケージソフトを利用すれば、まだインストールだけで済みますが、それを自社向けに改良したり、パッケージソフトを購入せずに自前で開発したりするとなると、また時間も費用もかかります（したがって、事業規模が小さい場合には、パッケージソフトをそのまま使います）。

　クラウドサービス自体は、ほとんどが2010年以降に市場に出てきたものなので、それ以前からある既存事業は、自前で購入したサーバの上で動くシステムを利用している可能性があります。それでも、最近はデータセンターやサーバ・OSなどを借りずに、AWSのようなクラウドサービス（IaaS・PaaS）を利用することにより、ソフトウェアだけを購入して利用するケースが増えています。

　一方で、SaaSは、ソフトウェアすらも購入せずに、お金を払って利用するというサブスクリプション型のサービスになっています。

　たとえば、B2Bビジネスであれば、リードの獲得から育成、アポ取りから提

案、交渉、成約までの一連の業務は、Salesforce.comとMarketoの組み合わせか、Hubspotというサービスを利用すれば、数日で利用を開始できます。リードの獲得にはさらに名刺管理のSansanがクラウドサービスを提供しています。

商品の販売や在庫管理・物流システムであれば、ecbeing、EC-CUBE、ebisumartをはじめ、事業者の規模に応じて豊富なクラウドサービスがあります。

会計システムも、freeeやマネーフォワードクラウド会計などのクラウドサービスがあります。社内のグループウェア的なサービスも、サイボウズ Garoon（ガルーン）やkintone（キントーン）といったものがあります。

これらの多くは、無料または非常に安価なコストで始めることができ、ユーザー数や売上等に応じて月額料金が発生するというもので、まだ収益が出ていない、あるいは規模が小さい企業にとっては、とても都合の良いサービスです。

既存事業が利用している既存のシステムがあるなら、それを利用すればよいという話が出るかもしれませんが、新商品を売るならともかく、商品の売り方やサービス化など、売り方自体が変わってしまうような場合は、そのまま使えることはなく、お金と時間をかけて追加開発をする必要が出てきてしまいます。そうでなくても、その事業のためにリソース（サーバの容量など）を追加する場合、やはり時間も費用も余分にかかることがほとんどです。

何よりも、新しいニーズを満たすためのビジネスの内容を歪められてしまったり、スピードを落とされてしまったりするのは、新規事業の立上げには致命的です。それを防ぐためには、独自にクラウドサービスを契約して、スピード感を持って市場に出すのが一番です。

そして、皮肉なことに、機能的にも、性能的にも、既存システムより優れていることが多いのです。

◆「既存顧客を切り捨てる」意味

これは、既存顧客に直接「あなたはもうお客様ではありません」というのとは違います。新サービスを開始するにあたり、「既存事業の顧客にとって不利になる」とか、「既存事業と競合して、顧客を混乱させる」などの考えを無視するということです。

既存事業の商品／サービスを気に入っている顧客に対して配慮しても、新規事業にとってはもちろん、既存事業の将来にとっても良いことはありません。これまでの商品／サービスでは満足できていない顧客、これまでの商品／サービスでは解決できない悩みを持っている顧客のために新しい商品／サービスを提供するのですから、既存顧客のことを考える必要はありません。

　もちろん、既存顧客の中には、既存商品／サービスでは満足できなくても、しかたなく使っていた人も少なくないかもしれません。満足できていなかったことが潜在的なものだったかもしれません。その場合には、新事業が既存顧客を奪うことになりますが、他社に奪われるよりははるかによいと思います。

　たとえば、フィルム事業を守るためにデジタルサービスに消極的だったコダックは、フィルムの顧客がメモリカードやクラウド・ストレージのサービスに奪われ、カメラの顧客もスマートフォンに奪われ、ついには倒産してしまいました。

　しかし、デジタル画像を発明したのはコダックです。デジタル化を進めなかった理由は、売上減少だったかもしれませんが、おそらく「顧客はアナログの味にこだわる」とか「重要顧客であるプロのカメラマンの仕事を奪う」という理由も出てきたと思います。それがゆえに、お手軽に好きなだけ撮れるようになることで、新たな需要が生まれることに気づけなかったのでしょう。

　ウィンドウズなどのOS（基本ソフトウェア）やワードやエクセルなどのオフィスソフトのライセンス販売が事業の要であったマイクロソフトは、ライセンス販売の売上を奪ってしまうクラウド化に消極的だったために、パソコン向け市場はGoogleに市場の一部を奪われ、企業向けサーバ市場はAmazonに市場を奪われてしまいました。現在はクラウド化を推進した結果、企業向けサーバ市場ではNo.2の座にいますが、それでも他社に奪われた顧客を考えるとかなりの痛手です。

　ネット証券の台頭により、野村や大和といった伝統的な証券会社はトップの座から転がり落ちました。これも自社の売上や雇用を守れなくなるという理由が邪魔をしたのではないかと思いますが、「顧客は自分で判断すると高リスクで、プロによる助言がないと困るはずだ。ネット証券など始めたら、そんな顧客をリスクから守れない」という理由をもっともらしく作り上げていたことは、

容易に想像できます。

　中国では、消費者が銀行で現金の出し入れや送金をするということがなくなり、顧客はWeChatやAlibabaに奪われました。その流れが欧米にも訪れています。支店ではなくスマホひとつで支払や送金のできるFinTechを活用したネオバンクの顧客が急増しているのです。

　こういった新興勢力に対して、伝統的な銀行は、「銀行とは顧客からの信頼が重要だ。それに対し、インターネットではセキュリティ上顧客の資産を守れない。スマホベースのネットバンキングやFinTechのサービスは、手数料の安さをちらつかせて、顧客の資産を危険にさらす行為だ」と思っているのではないでしょうか。

　既存顧客を切り捨てるというのは、新規事業ではアナログ写真の味が好きでしかたのないプロのカメラマンや、セキュリティがしっかりとしている、信頼のおけるベンダーのシステムでないと我慢のできない企業、手数料が高くてもしっかりとした助言（実は、営業マンは投資のプロではないですが）がないと心配な顧客、手数料が高くても現金を手にしないと心配な顧客たちのことは、一切考慮せず、それまでにないサービスを待ち望んでいる顧客（あるいは、自分には縁のないものと思っているが、新しいサービスには興味をもちそうな顧客）のことだけを考えて、サービスを開発すべきだということです。

6 ◆ サービス品質は低めに設定する

◆新しいサービスは、顧客と新しい関係を築くタイミング

　製造業や伝統ある企業、上場している企業などは、そして日本企業は特に、一般的に高い品質基準を持っていて、その品質をクリアしない限りは、商品やサービスをリリースすることはありません。もちろん、それは新規事業にとっても同じで、不良品や顧客に迷惑をかけるような品質の悪いサービスを提供することはすべきではありません。

「すべてのお客様がそこまでの品質を求めているだろうか？」というような点についても、高い品質基準を設け、それが価格の高さやリードタイムの遅さの面で顧客に不満を与えていることはないでしょうか？

多くの顧客は、そんな細部を気にしていない、というような細部までこだわり過ぎていないでしょうか？

　もちろん、富裕層向けの高級品とか、由緒あるブランドのこだわり抜いた商品とかは、それが顧客に求められているポイントなので、当然、妥協を許さない高品質が求められます。金融業や通信業のような国からの許認可を得て行う以上、セキュリティはもちろんのこと、顧客の財産、プライバシーなどが漏れたりすることは許されません。

　しかし、昔は大切だったけれど、いまは大して価値がないというようなものにも力を入れていないでしょうか？

　たとえば、「請求書は本当に郵送しないといけないでしょうか？」「オンラインで代替できないでしょうか？」「印鑑の押された紙の契約書は必要でしょうか？」「企業の受付には、受付嬢が必要でしょうか？」「電話でのお問い合わせセンターや、音声自動応答装置は、本当に必要でしょうか？」

　上記については、少し前までは、ないといけないモノでしたが、いまでは一般に不要と思われているものばかりです。それでも、廃止できていない企業は多いです。無くすことによって、一部のお客様が困るかもしれないとか、不便になるとか、あるいは分からないけど、廃止すると問題が起こるかもしれないといった消極的な理由で廃止できずにいることはないでしょうか？

　そんなバカなことを考えるはずがないと思う方は、5章で紹介した事業のライフサイクルを思い出してください。事業も高齢になると、そこに勤めている社員も管理者も、ちょっとした変化ですら嫌うものです。

　たとえば、不動産の賃貸契約を例にとると、内覧の時の鍵の受け渡しの多くは、いまだに物理的な鍵を使っているケースが多く、お客様の内覧の前に、仲介会社の担当者が鍵を保管している大家や管理会社に借りに行き、お客様の内覧が終わった後にまた返しに行かなくてはなりません。徐々にスマホによる暗号ロックができる電子鍵に切り替えるところが出てきましたが、まだまだ普及していません。

　また、契約時に交わす契約書は、電子契約ではなく、いまだに紙で交わしています。そのために、お客様に仲介会社の事務所に来てもらわなくてはならないか、郵送で1週間のリードタイムをかけて契約書をやり取りすることになり

ます。顧客だけでなく、大家の押印も必要だとすると、さらに大変です。電子契約を用いれば、メールベースでやり取りが完了するので、手間も時間もかかりません。にもかかわらず、電子契約化はなかなか進みません。

　さらには、オフィスのテナントに月額賃料を請求する場合にも、請求書を紙で発行して、押印して郵送するという業務も、ムダでしかありません。しかし、古いテナントによっては、いまだにそれを要求してくるという理由で、郵送し続けています。

　既存の事業で、既存の顧客全員に対して変化を説得するのは、たしかに大変です。しかし、新しいサービスを始めるのであれば、顧客とも新しい関係を築くタイミングです。そうであれば、上記のような古い慣習を踏襲するという過剰な品質は避けるべきです。

　品質を低めに設定するだけでなく、なるべくシンプルな業務にすることが大切です。理想は完全自動化です。いまのテクノロジーでも、あるいは法令に従うために、どうしても人が介在しなくてはいけない部分だけ、人が介在するようにして、それ以外は自動化できる方法を選ぶべきです。

第7章：社内ベンチャーかスタートアップか

　新規事業開発を行うには、スタートアップと同じような組織をつくって始めるべきだと書きました（98ページ）。しかし、それならば、社内ベンチャーとして同じ企業体の中で行うよりも、「スタートアップとして行ったほうがよいのではないか？」という疑問が出てきます。

　この章では、新規事業開発を社内ベンチャーとスタートアップのどちらで行うのがよいかについて、考えていきます。

1 ◆ 死の谷を乗り越えるパワーはスタートアップのほうが強い

◆ 予算の面でもスタートアップが有利か

　新規事業開発を行う組織を、社内ベンチャーにするのか、スタートアップにするのかを検討する上で、もっとも重要なポイントは、新規事業を開発するチームが必ず経験すると言われている死の谷を越えなくてはいけないということです。

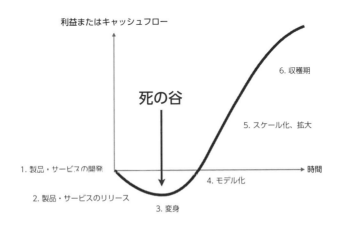

図：Jカーブと死の谷

スタートアップは、通常この時期をエンジェル投資家によるわずかな資金だけで乗り越えなくてはなりません。次の図は、Jカーブとスタートアップの資金調達ラウンドの関係を示した図です。

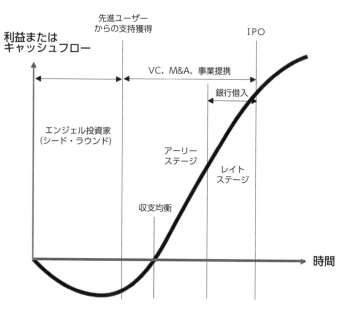

図：Jカーブとスタートアップの資金調達ラウンド

　変身を遂げて、先進ユーザーからの支持があるボリュームに達すると、ベンチャー・キャピタル（VC）が興味を持ってくれたり、既存企業に提携や買収の話を持ちかけると興味を持つ企業が出てきたりします。

　スタートアップがエンジェル投資家から支援されるシード資金は、シリコンバレーでは1億円に満たないことが多いです。一方で、社内ベンチャーの予算の多くは、プロジェクトメンバーの給与の総額です。税込年収1000万円の社員を6人集めたとしたら、社会保険料などの経費率を30%とすると、人件費だけで7800万円はかかります。製品・サービスの開発に外部のメンバーの協力を得たり、ベンダーに委託したりする場合も、社員数の多い企業だと、それなりの費用がかかることを考慮すると、1億円では済まない可能性があります。

一方で、スタートアップの場合には、人件費は生活できる最低限の金額に抑えられますし、その他の経費や開発委託費も、なるべく自前で行おうとします。あるいは友人やエンジェル投資家に紹介してもらった人たちにお願いして、格安で、あるいは善意または他の作業とのバーターをすることによって無料でやってもらえることもあります。

　さらには、スタートアップの場合には、プロジェクトメンバーは失敗したら職を失うことになるために、後述するように、いわば背水の陣を敷いているのと同じで、高いモチベーションでがむしゃらに働く傾向にあります。それは、成功までの時間を短縮することにつながり、競合よりも早く抜きん出る可能性が高まることを意味します。

　新しい組織が、死の谷を乗り越えるには、そのくらいのパワーが必要となります。

2◆雇われ体質の社員 vs スキルの未熟な社員

◆スキルは社内ベンチャーのほうが高いが……

　スタートアップと社内ベンチャーでは、社員の素質にも差が出てきます。スタートアップの場合には、給与も低く、まだ知名度もなく、いつ潰れても不思議ではありません。そんな企業で働きたいという人は、そもそも少ないという制約があります。したがって、大したスキルもない若者が、他によい仕事が見つからずにしかたなく就職を希望してきたり、楽しそうだからというノリだけで入ってきて、合わないとすぐに辞めてしまったりするケースも少なくないでしょう。

　企業側も、少しでも経営陣の時間を捻出するために、よく吟味せずに、スキルのない社員を雇い入れてしまい、苦労するといったことはよくあります。

　それでも、スタートアップ企業の多くは、そういった社員の中でもやる気のある社員をうまく戦力に育て上げています。

　一方で、既存企業の一部門として始まる社内ベンチャーの場合には、既存事業における各部門のエースが出てくる場合はもちろんのこと、お荷物社員がくる場合であっても、スキルという点では、ある程度のレベルには達しています。

しかしながら、安定した既存の企業の中で働いていた社員は、どんなに意欲があって希望して入ってきたとしても、スタートアップ企業の社員ほどの底力を出せない可能性は否定できません。

なぜなら、彼らは失敗しても職を失うことはないからです。そして、みずから立候補して社内ベンチャーのメンバーになったのであればよいのですが、本人の意思ではなく社内ベンチャーのメンバーになった社員は、スキルがあったとしても、それを十分に発揮しないか、ネガティブな雰囲気をプロジェクト内にまき散らしてしまう可能性が小さくありません。

また、決められたことや教えられた業務をきちんとする点では能力を発揮できるものの、自分の頭で考えることのできない社員であった場合、彼らは新規事業開発には向きません。

こういった社員は、すでにある業務のオペレーションには最適です。自分の頭で考えることができないといっても、問題があればそれを改善したり、物事を効率化したりすることは得意です。

全員とは言いませんが、いまの日本人は、ほとんどがこういうタイプです。失敗を恐れるため、自らの責任を負いたくない気持ちが大きく、上司から放任されたり、自分で考えて行動しなくてはいけなかったりする環境にいると、たいていの場合、強いストレスを感じてしまいます。

一方で、新規事業開発で必要とされる人材は、新しいことを自分の頭で考え、自発的に動くことができる人材です。こういった人たちは、仕事を楽しいと感じ、遊んでいるときと変わらない感覚で仕事ができるため、職場を離れても四六時中そのことを考えたり、夜遅く働いたり、土日も働いたりしたとしても、あまりストレスを感じません。むしろ、オペレーションが得意な人と反対に、毎日同じことを繰り返すことにストレスを感じます。

社内ベンチャーで事業を開発する際には、オペレーションが得意な人材ではなく、新しいことをするのが得意な人材が手を上げてくれるのが理想的です。スタートアップの社員ほどハングリー精神はないかもしれませんが、前向きに一生懸命取り組んでくれるからです。

3◆働き方改革との逆行は大前提

◆スタートアップは資金が底をつけば、そこで終わり

限られた資金でJカーブの死の谷を乗り越えるには、最初の商品・サービスの発売までに、時間をかけていられません。1カ月経過するたびにメンバーの人件費がプロジェクトから流出していくからです。

資金が底をつけば、スタートアップであればそこで終わりです。支払ができずに倒産するわけですから、無給で働かないかぎりは解散になります。しかしその後は事業への思い入れの強い創業者とその周辺の何人かは、他の仕事をしながら細々と続ける可能性もあります。

FFF（ファミリー、フレンド、フール（どこかの馬鹿））からお金を引っ張るために奔走して、再び資金を手に入れて再スタートする可能性はあります。そうだとしても、当事者たちは文字通り身を切る思いをすることになります。

一方で社内ベンチャーでは、ただちに打ち切りにはならないかもしれません。プロジェクトの打ち切りが正式に決まるまでは、人件費は既存事業のキャッシュフローの中で吸収できるように調整されると思います。また、プロジェクトの打ち切りが決まったとしても、いきなり解雇はできません。多少の査定へのマイナス影響はあるかもしれませんが、多くの場合元の組織に戻って再出発になるでしょう。

その人が元の組織ではエース級だったとすれば、復帰することでかなりの歓迎を受けるでしょう。あるいは、再挑戦の予算が下りて、継続できるかもしれません。ここでは、当事者たちは、多少のバツの悪い思いはするでしょうが、生活を脅かされることはありません（それでも、一生のうち一度あるかどうかのストレスを感じることは確かです。ストレスの大きさは、スタートアップとは比較になりませんが……）。

いずれにしても、資金をショートさせずにプロジェクトがこの死の谷を乗りきるには、短期で駆け抜けるくらいのスピードで数カ月間〜1年間を過ごす必要があります。

月160時間（月20日間×1日8時間）働くだけでは、明らかに足りません。

スタートアップであれば、寝る時間以外は常に仕事をし続けているでしょう。食事をしている間も、通勤している間も、常に仕事のことを考えています。寝ている時間ですら、脳みそは仕事のことでいっぱいになっているはずです。当然、高いストレスがかかりますし、健康に良いはずがありません。

　一方で、社内ベンチャーの場合には、コンプライアンス上、労働基準法や36協定で定められている労働時間を超えて働いてはいけません。

　時間外労働で認められている時間は、次のように定められています。
・月100時間未満（年720時間以内）
・2〜6カ月平均80時間以内
・月45時間を超えることができるのは、年6カ月まで

　月100時間の残業というのは、月260時間働くということですので、土日も休みなく働くとすれば、毎日8時間半しか働けないことになります。

　仮にスタートアップと同じタイミングで同じ事業を検討したとしたら、どちらのほうが先に死の谷を乗り越えられると思いますか？

◆24時間戦う体制の世界中の起業家とどう戦うか
　さらに言うと、スタートアップでは、軌道に乗るまでは、どんなに働こうとも残業手当が出るところは少ないでしょうから、資金の流出は抑えられます。一方で、社内ベンチャーの場合には、残業手当を出さないわけにはいきません。この分も資金から出ていきます。

　スタートアップの場合は、当初は皆が経営者であり、自分たちで決めた将来の保有株式シェア（ストックオプション）を持つ資本家でもあるので、労働者とは言えず、したがって過重労働や残業代未払い等の不当労働行為にはあたらない可能性があります。また、やらされている「仕事」ではなく、楽しくてやっている「遊び」の面が大きいので、過重労働のストレスとは質が異なりそうです。

　本書では、決して不当労働行為を呼び掛けているわけではありません。大きな企業であれば、ますます世界的にも働き方改革に逆行するようなことは許されないでしょう。そして、スタートアップ企業であっても、それを強要するのは違法行為ですし、労働者の権利を侵害してはいけません。

　しかしながら、一方で次のような側面も考えなくてはいけません。現在の世

の中では、市場はグローバルでつながっています。特にスマホ経由でクラウドサービスを提供する場合には、国境はありません。金融サービスは、規制と法的罰則でそれを縛ろうとしていますが、中国のようにグレートファイヤーウォールを築いて国外との通信をブロックしない限りは、技術的に防ぐことはできません。

そして、現在世界中で35億人がインターネットに接続していますが、2025年にはまだインターネットに接続できていない40億人が新たに接続し始めます。もちろん、ある程度の教育レベルや電源の問題はあるものの、スマホがあれば何らかのクラウドサービスが始められる世の中になっています。つまり、彼らの誰かと競争するのです。

現在、彼らの多くは、少ない資金と遅い回線速度で、世界中の起業家と開発競争をしています。スペースXのスターリンク等による衛星インターネット網がサービスを開始したら、国や地域による回線速度の差はなくなるでしょう。すると、彼らは圧倒的に少ない人件費と圧倒的に大きな工数を武器に、我々と戦うようになります。

中国のみならず、東南アジアや南アジア、アフリカの人たちの多くは、生き残るために、貧しさから這い出るために、家族を守るために、死に物狂いで働きます。死に物狂いで考えます。

戦後の日本人もそうでした。高度経済成長期の日本人は、24時間戦う戦士でした。いまは、彼らが24時間戦う体制なのです。その彼らが始める事業と、我々が開発する事業は競合します。競合しないとすれば、それは日本というローカルな市場でしかスケールしない、とても小さなビジネスということです。つまりディスラプターとして既存の世界観を打ち破り、新しい常識やルールを築いていくビジネス（つまり本来DXで考えるべきビジネス）ではないということを意味します。

人間らしい生活を守るのは大切です。ストレスの高い仕事を続けて健康を損なっては意味がありません。命あっての豊かさです。しかし、これからの時代は、国際競争は避けられません。いまこそアリとキリギリスの童話を思い出すタイミングかもしれません。

4 ◆ 報酬体系の違いが働き方に大きく影響

◆一代で財を築いたスーパーリッチは、皆スタートアップ

　前節でも触れましたが、スタートアップと社内ベンチャーでは、報酬体系もまったく異なります。

　事業を軌道に載せるために、昼夜問わず休日返上で事業に取り組むというのは、スタートアップでは常識です。残業手当も休日勤務手当も受け取れないにもかかわらず、彼らが常に働き続け、寝ている時間以外は仕事のことを考え続けられるのは、やりがいだけではありません。

　なぜスタートアップの社員は、馬車馬のように働けるのでしょうか？

　一番分かりやすい理由はインセンティブの大きさです。役員や社員にはストックオプションが与えられます。創業者や創業役員たちは、合わせて50〜70％くらいの株式を持つことになるので、万が一IPOで時価総額が1000億円になったとしたら、500〜700億円の資産を保有できることになります。

　通常の会社員が終身雇用された場合、40年間で2〜3億円もらえるのと比べると、たった数年でその数十倍〜数百倍の資産を稼ぐことを目指しているわけです。集中力も根性も違って当たり前です。

　マイクロソフトの創業者ビル・ゲイツも、アップルの創業者スティーブ・ジョブズも、テスラやスペースXを創業したイーロン・マスクも、アマゾンを創業したジェフ・ベゾスも、ヴァージン・グループの総裁であるリチャード・ブランソンも、世間を騒がせたZOZOの創業者である前澤氏も、一代で財を築いたスーパーリッチと呼ばれる人々は、皆スタートアップを成功させた人たちです。

　彼らは、働かされているのではなく、みずからの意思でこのような働き方を選んでいます。したがって、これだけ働いても労働自体によるストレスは軽いでしょう。一緒に働く人たちの環境もプラスに働きます。一方で、身体にかかる物理的な負荷や、資金が尽きる前に成果が出せるかどうかのプレッシャーは相当なものです。

　創業者に明確なビジョンがあり、役員はそのビジョンに賛同したものばかりです。そして、社員たちもまだ少数であるために、役員たちと四六時中顔を突

き合わせて、同じ時間を過ごすため、彼らの想いに共感しています。そして、役員たちも通常の社員と同じように働くので、誰も文句を言いません。

壁にぶつかれば、それをどうやったら乗り越えられるかを、全員で考えます。ネガティブな人は去っていき、ポジティブに考えられる人、チームプレーができる人が残ります。

スタートアップでは、そういった働き方をするのが当たり前で、だからこそ、限られた資金で結果を出す可能性が高いのです（もちろん、90〜95％のスタートアップは、結果を出せずに解散に追い込まれています。しかし、日本でも、失敗が評価されるようになってきていて、何度でも挑戦することができるようになり始めているようです）。

当然、一般の企業とは、勤務体系も報酬体系もまったく異なります。既存企業の中で組織を作り、その組織で新規事業開発を進める場合、スタートアップのように働いてほしいと思っても、誰もそのような勤務体系で働きたいとは思わないでしょう。もちろん、労働基準監督署からも厳しく指導されます。ただ、それだけではありません。

万が一、それらをクリアできて成功したとしても、その時に自社の役員よりも高い報酬を与える約束ができるでしょうか？

それまで会社を成長させてきた主力事業を支えてきた社員や役員は、自分よりもはるかに高い報酬を認めたくないでしょう。既存事業の恩恵を受けてきた以上、成果は企業全体で分かち合われることになります。

もちろん、手を抜くということではなく、まじめに責任を果たそうとするでしょうし、そして中には高いやる気を持って仕事をする人もいるでしょう。

それでも、人生を賭けているわけではないため、どこかでワークライフバランスの線引きをします。そして、会社もコンプライアンスの点から、それを望みます。

この章を通して、スタートアップと社内ベンチャーの違いを説明してきましたが、シンプルな例えをひとつ挙げると、スタートアップは短距離走選手で、社内ベンチャーは中長距離走選手と言えます。そして、新規事業開発は短距離勝負ですから、当然のようにスタートアップのほうが結果を出しやすいのです。

第8章：スタートアップの成長に乗るには

　新規事業開発を行うには、スタートアップと同じような組織をつくって始めるべきだと書きました（98ページ）。そして、7章では、スタートアップと社内ベンチャーを比べてきました。本章では、企業がスタートアップの力を借りて、新規事業開発を行う方法について、考察してみましょう。

1 ◆スタートアップの力を借りる

　前章で、死の谷を乗り越えるのは、社内ベンチャーよりもスタートアップのほうが有利だという話をしてきました。それをまとめると、大きく5つの点でスタートアップのほうが、同じ成果に短期間かつ低コストでたどりつけるからでした。

①メンバーの資質
・既存企業の人材の特徴
　ルーティン業務が得意な人が多い。ルールを守り効率よく、確実に仕事をこなせるのが得意な人が多い。しばしば官僚的で、ルールから外れる者を排除する傾向がある。型どおりやるのが得意だが、型から外れると、何をしてよいのか判断できなくなる。

・スタートアップの人材の特徴
　何もないところから仕事を作り出すのが得意な人が多い。ルールを守るのではなく、ルールを作るのが得意。ポジティブで、多少の混乱も整理して前に進める。ルールよりも、本質的に大切だと思えることを優先する。

②ポジティブな労働環境
・スタートアップには、ポジティブなメンバーが集まるため、雰囲気が明るく、

働きやすい。

③労働時間の制約がない
　既存企業の中では、コンプライアンスにガチガチに縛られていて、スピード感溢れる動きができない。スタートアップでは、コンプライアンスは緩いため、長時間連続して個人およびチームの集中力を持続できる。これが成果までのスピードを圧倒的に速くする。

④会社のルールが少ない
　管理のための仕事（監査証跡を残す、不正を起こせないような仕組み）は、株主や社会を守るために行われる。これは、社会的に影響のある大企業や上場企業が間違いを犯さないようにするために必要な機能ではあるが、事業のスピードを激減させるデメリットがある。スタートアップには、この足かせがほとんどない。これも成果までのスピードを圧倒的に速くする。

⑤数年の努力で、数十億円以上の資産家になれる可能性
　これまで既存企業の中では、社員は失敗しないで勤め続けることができれば、人並み以上の生活が得られ続けられてきた。世の中が激変するこれからも、その働き方で人並み以上の生活を維持できるかは疑問だが、まじめに仕事をしていれば、しばらくは安定した生活が得られる。一方で、出過ぎると妬みを買い、長く勤めるのが難しくなる。
　スタートアップでは、成功した際に得られる報酬が大きく、成功すれば生活を守るために仕事する必要がなくなる。

◆成長の初期の段階でいかに関わるか
　いまの時代は、国と国との間の障壁や、言語の障壁がなくなりつつあります。ある国で流行したビジネスが、瞬時に他の国に広がります。米国でUberのサービスが流行り始めると、すぐにシンガポールでGrabが始まり、瞬く間にタイ、インドネシア、マレーシア、フィリピン等の東南アジアに広がりました。
　このような時代、良いものは、すぐに真似されて広まります。真似される前

に、広めなくてはいけません。真似される前に、追いつけないように次々と新しい機能を付け加えていかなくてはなりません。

　誰にも真似できないような、大きな存在になるまでは、コンプライアンスよりも、利益よりも、スピードが何よりも大切なのです。キャズムを越えて、メジャーになるまで、休むことなく駆け抜けなくてはなりません。

　一旦そこまで成長して大きくなると、もはや大企業ですら手が出せなくなります。UberにしてもGrabにしても、時価総額が1兆円を超えてくるようになると、無理に資金調達をする必要がなくなります。トヨタをはじめとした自動車会社が、その会社を買収したくても、買収できなくなります。

　そうなってから似たようなサービスを作って展開したくても、もはや勝ち目がないことは明白です。

　トヨタのような大企業といえども、新しい事業1つに対して1兆円も費やすことはできません。しかし、ユニコーン・デカコーンと呼ばれるUberやGrabのような成功したスタートアップは、資本市場で調達したばかりの1兆円を、新たな付加価値に費やすことができます。それが、スタートアップのパワーです。

　それでは、大企業が、そのスタートアップの力を借りたとしたら、どうでしょうか？

　残念ながら、ユニコーンの大きさまで成長してしまったスタートアップの力を借りようとしてアプローチしても、相手にはされません。

　では、どうすればよいでしょうか？

　どのようなスタートアップも、はじめは資金力が弱い、吹けば飛ぶようなところから始まっています。その頃の彼らにはスピードとバイタリティがありますが、資金はなく、さらには顧客企業やサプライヤーへの接点がなく、新しい契約をとろうにも、アプローチできずに困っています。アプローチできたとしても、信用がないために、なかなか契約には結び付きません。そういった理由もあり、商品ができた後も、しばらくは、キャッシュフローを生み出す力が弱いのです。

　そんな時に、ある程度の規模のあるしっかりとした会社が助けてくれたら、どんなにありがたいことでしょうか？

　たとえば、UberもGrabも、ソフトウェアの会社です。しかし、ソフトウェ

アを完成させただけでは、配車サービスは成り立ちません。そのソフトウェアを使って、配車サービスを行ってもよいというクルマとドライバーがいないと成り立ちません。それも1台では不十分です。少なくとも10台以上はないと、アプリをダウンロードして利用しようとしても、利用できずに、二度と使われなくなってしまいます。しかも、使えないことも、SNSで容易に知れ渡ってしまいます。

　そんなときに、はじめの10台を提供してくれて、アプリのダウンロードを宣伝してくれるパートナー企業がいたら、どんなに助かるでしょうか？

　このように、初期のスタートアップの成長を助けるところから関わるのが、スタートアップの力を借りる第一歩だと思います。

2◆スタートアップ活用戦略

　初期のスタートアップの成長を助ける存在となるとして、それが既存事業にどうプラスになるのでしょうか？

　この項では、スタートアップをどう活用するのか？　言い換えると、スタートアップとどのように付き合えば、企業は次の時代も生き残っていけるのか？について考えていきます。

◆最終的には、どうなっているのが理想か？

　IoT、AI、VR/AR、ロボット、自動運転、衛星、量子コンピュータ、再生可能エネルギーの発電手段とバッテリー技術等の発展、長寿の実現等により、社会が大きく変わっていく中で、生き残っていくために、企業は変化していかなくてはなりません。

　どのように変化していくかは、企業によって異なります。選択肢はいくつもありますが、そのうちのどれを選択するかは、企業によって異なるでしょう。そして、新しい社会の中での新しい役割は、現在の企業の置かれている状況、強みと弱み、保有している資産によっても異なってきます。したがって、一般論で考えていては、あまり具体的にはできないのですが、具体的でないと考えづらいので、ひとつ例を挙げて考えていきましょう。

たとえば、広告代理店を例に挙げて、考えていきましょう。初めにお断りしておきますが、あくまでも空想の世界なので、現実にこのような現実になるとは限りません。あくまでも、考えるための題材としてお付き合いください。

　さて、広告業を取り巻く環境は、今後劇的に変わっていくでしょう。スマートグラスによって生活者の目に移るものが、現実世界に加えて仮想世界が加わります。たとえば、現在は、看板やデジタルサイネージで、その場にいる生活者の視界に広告を入れることによって、商品などへの認知を強化しようとします。

　ところが、スマートグラスを掛けて歩いているヒトの視界には、現実世界にある看板ではなく、その上に仮想情報で上書きされたデジタル看板が表示されることでしょう。実際の看板ではなく、その上にデジタルで上書きされた看板が映ることになります。

　あるいは、何かを購入しようとして、Alexaのようなスマートスピーカーに搭載されたAI秘書によって商品を探したり、購入したりする場面を想像してみてください。Alexaがいくつかの商品を提案してくれ、その中から選んで注文すると、その日の夜には自宅に届けてもらえるようになります。

　ところで広告の役割は、多くの潜在顧客に商品やサービスの情報を知ってもらうことです。広告代理店は、そのために広告主が知らせたい情報に合ったメディアを探し、広告主にベストな知らせ方を提案し、実際にそれを実行に移すお手伝いをしてくれます。

　従来の広告事業モデルでは、広告代理店が、広告主の知らせたい情報を、適切な生活者に届けるために必要なものは、以下の4点でした。

①広告主
②広告主の知らせたい情報
③生活者
④メディア

　しかし、次ページ図のように、これからの広告事業モデルでは、生活者の前

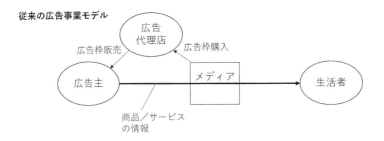

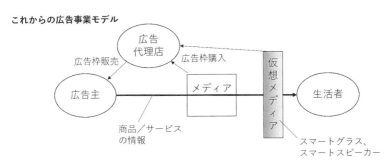

図：これからの広告モデル

に、新たにスマートグラスやスマートスピーカーのような仮想メディアが立ちはだかります。広告代理店は、この仮想メディアを抑えない限り、仕事を失います。なぜなら、広告主の商品やサービスの情報を生活者に届けるために、広告主の依頼を受けて、どんなに頻繁かつ広範囲にメディアの枠を仕入れて販売し、そこに情報を流したとしても、すべて仮想メディアで上書きされてしまうと、生活者には届かないことになります。

　なお、この仮想メディアが、従来のメディアと違うのは、生活者ひとりずつ異なる情報を表示することができるということです。生活者のあらゆる情報をもとにして、広告効果の高い情報をAIが導き出し、登録されている広告情報の中から選別された情報が生活者に届けられるようになるでしょう。

　このような世界が、近い将来にやってくるとして、いまから広告代理店が取るべき行動は何でしょうか？

　そう、仮想メディアを抑えにかかるべきです。つまり、最終的には、次のようになっていたいということが導き出されたとします。

「仮想メディアを世界的に抑えて、世界中の広告はすべて当社を通して生活者に届けられる」

◆理想の世界にたどりつくために取るべき行動

では、仮想メディアを抑えるにはどうしたらよいでしょうか？

①みずからが仮想メディアを作り出し、大きなシェアを獲る
②仮想メディアの広告収入を最大限上げるしくみを開発し、仮想メディアに利用してもらう（仮想メディア運用エンジン）

他にもあるかもしれませんが、ここは例なので、上の2点だとします。

①は、スマートグラスやスマートスピーカー上で動作する仮想広告メディアアプリを開発することです。しかし、たとえばスマートスピーカーだとAmazonとGoogleの2社がすでに大きなシェアを持っていますし、両者とも広告販売機能を他社に譲るとは思えません。

一方のスマートグラスは、マイクロソフトとマジックリープ社が市場をリードしていますが、今のところ両者とも入り込む余地はありそうです。ただ、彼らはすでに潤沢な資金がある可能性があり、資本参加は難しいでしょう。だとしたら、彼らの商品が将来のシェアNo.1を取り続けられるような有利なポジションに押し上げる協力をすることで、将来の広告枠を貰えるかもしれません。

一方、上記市場がまだ黎明期の間は、ハードウェアからOS、それらの上で動作するアプリの3層とも1社が開発する垂直統合型モデルが主流です。たとえば、スマートスピーカーはAmazonもGoogleもそれぞれがハードウェア、OS、アプリを開発し、提供しています。スマートグラスについては、マイクロソフトもマジックリープも、アプリ層は他社に開放していくと思います。

スマートスピーカーは、それでもよいとは思いますが、スマートグラスについては、仮想世界がメーカーによって分断されていては、将来のスペーシャルウェブの世界は普及しないでしょう。したがって、いずれは複数のスマートグラスメーカーが共通の仮想世界を創り出すコンソーシアムのようなものを作り出すはずです。その際に、この上の仮想メディア管理の仕組みを独占すること

ができれば、世界中の仮想メディアの広告市場を独占するポジションに立つことができるかもしれません。

　②の仮想メディア運用エンジンについては、仮想メディア広告アプリを開発・運用する企業と提携することで、大きな仮想メディアのシェアを獲ることができそうです。
　このように考えた時、次の３つのシナリオが考えられます。

A　仮想広告メディアアプリを開発し、マジックリープ社等で利用してもらうように、代わりに同社がスマートグラス市場でのポジションを確立するために全面協力をする提携を締結する。

B　仮想メディア運用エンジンを開発し、仮想広告メディアアプリと連動するように、仮想広告メディアアプリの開発企業と提携する（あるいは出資する）

C　複数のスマートグラスメーカーが共通の仮想世界を創り出すコンソーシアム結成に尽力し、共通仮想世界上での仮想メディア管理の仕組み（上記A、Bのアプリのいずれか）を独占的に開発する。

　自社のポジションを利用して、提携によって独占的なポジションを手に入れたとしても、なんらかのアプリ（ソフトウェア）を開発する必要がありそうです。先に権利だけ抑えて後から外部の業者に開発させる方法も考えられますが、業界のシェア争いには、スピードが求められることが想定されるため、交渉前から適切に動作するアプリがないと、交渉の場にも立てないことも考えられます。
　ここで、現在保有していないが、将来必要なものが明確になりました。
　仮想広告メディアアプリ、仮想メディア運用エンジンのいずれかを開発することです。

◆**理想の世界にたどり着くために必要なスタートアップを探す**
　この広告代理店は、仮想広告メディアアプリ、仮想メディア運用エンジンの

いずれかを開発する必要があることが分かりました。

　それでは、どのように開発していけばよいでしょうか？

　以下の３つの選択肢がありそうです。

①自社開発（タスクフォースを作って社内ベンチャーとして開発）
②外部ソフトウェア会社に委託開発
③スタートアップと提携し、委託開発

　②と③は、企業の大きさだけの問題に見えますが、③は資本提携や出資がメインで、委託開発はスタートアップのキャッシュフローを助けるための手段という色が濃いと思います。

　①は、前述のように、スピード感に不安があることと、社内に技術力があるかどうかも大きな問題になります。

　②については、結局仕様は発注側が考えなくてはならず、出した仕様が（受注側の）技術的にできないとなった場合でも、下請法上、費用を支払わなくてはならず、時間と資金が無駄になるリスクが高くなる可能性があります。

　③についても、もちろん結局、時間と資金が無駄になる可能性は否定できませんが、②と違うのは、頭数合わせで能力のないエンジニアが集まることはないという安心感はあります。言い換えると、それなりに腕に自信のあるエンジニアによる少数精鋭のチームが寝る間も惜しんで、開発とテストを繰り返し、理想のアプリやエンジンを開発してくれるという期待が持てます。

　では、どのようにしたら、そのようなスタートアップを見つけられるでしょうか？

3◆求めるスタートアップの見つけ方

　スタートアップと出資を含めた提携をするという方針を決めたところで、次は、自社の求めるスタートアップを探します。とはいっても、通常の企業で働いている人たちにとって、スタートアップで働く人に会うことは滅多にないのではないでしょうか。

仮に友人・知人がスタートアップで働いていたとしても、通常は関心がないので、「知らない会社に勤めてるんだな」「小さな会社に勤めてるんだな」という記憶にしかならないのではないでしょうか？

　そして、受け取った名刺を探して確かめてみても、「スタートアップ」という文字はどこにも見当たりません。

　それでは、どうやってスタートアップを探すのが効率的でしょうか？

　代表的なものを3つあげます。

①VCにコンタクトを取ってみる
②銀行が行っているスタートアップとのマッチングイベントに参加する
③アクセラレーターのプログラムに参加し、そこでのバッチ（ピッチプログラム）でピッチした事業者の中から選択し、アプローチする

　以下にひとつずつ説明していきます。

①VCにコンタクトを取る

　まずは、複数のVC（ベンチャー・キャピタル）にコンタクトを取り、自社が求めるスタートアップに近い候補を紹介してもらうとよいでしょう。一般社団法人日本ベンチャーキャピタル協会のウェブページ（ https://jvca.jp/members/vc-members ）には、ベンチャーキャピタルの一覧が載っています。

　ベンチャーキャピタルは、出資しているスタートアップが早く成長して、高い評価額を付けることを求めているので、喜んで協力してくれるはずです。

②銀行が行っているイベントに参加する

　銀行によっては、スタートアップ企業を応援しようとさまざまな取り組みを始めています。私が以前、クライアント企業の方について出席したみずほイノベーションビジネスマッチングは、スタートアップ企業と大企業をつなげるお見合いイベントでした。

　銀行が支援しているだけあって、かなりレベルの高い商品やサービスを持っている、レイトステージのスタートアップばかりでした。レイトステージなの

で、出資によって影響力を持つのは難しいと思いますが、一緒にビジネスを大きくしていけるのであれば、可能性は高いでしょう。

③アクセラレーターのプログラムに参加してみる

②のみずほ銀行のようなスタートアップを支援する取り組みをしている企業のことを、アクセラレーターと呼びます。彼らは、さまざまな方法を使って、スタートアップをさまざまな企業に紹介していて、それらをアクセラレータープログラムと呼びます。

ここでは、例として以下の2つを簡単に紹介します。

ⅰ ゼロワンブースター
ⅱ Plug and Play Japanによるマッチング

どちらもスタートアップ支援と大企業のイノベーション支援を掲げたプログラムを提供しています。

ⅰ ゼロワンブースター

株式会社ゼロワンブースターが行っているプログラムです。顧客企業が求めているソリューションを一般に公募するコンテストをスポンサーとして開催し、そこに個人を中心としPlug and Play Japanによるマッチングをはかり、最後にピッチをするという形で、スポンサー企業が最終的に、応援していきたいチームと交渉し、契約につなげていくというものです。

特徴としては、一般に公募されるため、シードラウンド以前のスタートアップ（あるいは、企業にすらなっていないチーム）と知り会えること、そしてその企業の求めているものに合わせたソリューションを提案してくれる、というところでしょうか。

ⅱ Plug and Play Japanによるマッチング

Plug and Play Japanは、シリコンバレーのアクセラレーターの日本法人で、シリコンバレーで主流のスタートアップ支援プログラムを日本でも展開してい

ます。もっとも有名なYコンビネーターも同じようなプログラムを提供しています。年数回、3カ月間のプログラムに国内外のスタートアップが応募し、期間中に大企業と横断的なパートナーシップ構築する機会を提供しています。代表的なのが、大企業向けに行うピッチイベント「バッチ」です。企業側は、興味のあるスタートアップのピッチを聞きに行くことができ、気になったスタートアップと後日個別に面談し、提携につなげる機会を得ます。

　企業側は、あらかじめPlug and Playの会員になっていなくてはなりません。この会費が、アクセラレーター側のキャッシュフローの源となっています。

　特徴としては、参加しているスタートアップは、あらかじめPlug and Playのフィルターを通ってきているため、それなりのレベルが期待できるということと、アクセラレーター自身もVCとして出資する可能性があるというところです。

　また、スタートアップは自社の想いで商品・サービスを作り、ピッチをするため、企業側としては、自社の目的に適うものかどうかの目利きが必要になります。

　さて、このようにして見つけたスタートアップに対し、次は、出資や事業提携をしていくことになります。

4 ◆ スタートアップとの具体的な関わり方

　自社の事業が将来的に生き残るために必要な、理想的な未来を創り出すのに最適なスタートアップの候補を見つけたとします。その際に、出資と業務提携をしていくことになりますが、その前に、そのスタートアップとの関わり方について、いくつかのシナリオを考えておきましょう。

◆1社に絞るのか？　それとも対抗馬を用意しておくのか？

　まず、一緒に未来を作り上げていくスタートアップは1社に絞るべきか、それとも複数社と並行して進めるべきかについて、方針を明確にしておくとよいでしょう。

選んだスタートアップが、非常に優秀で、すでにモノが出来上がっていて、すぐに将来に向けた布石を打てる状態になっているとしたら、その1社に絞り込んでよいかもしれません。

　しかし、そうでない場合には、複数のスタートアップと契約して、競わせる（明示的に競わせるのか、お互いの存在を分からないようにするのかも考慮します）ほうがよいと思います。余計なお金がかかるものの、1社がうまくいかなかったときに、2の矢、3の矢を用意しておくほうが、目的の達成をより確実にします。

　かなり後の段階になって、それらのスタートアップを統合させることも、それぞれの良いところを補完的に組み合わせて自社の事業に取り入れることもできるなど、より多くの選択肢が生まれます。

◆出資＋委託か、それともジョイントベンチャーか？

　一緒に事業を行うにあたり、そのスタートアップとの契約の仕方も複数選択肢があります。

・出資
・業務委託
・準委任
・ジョイントベンチャー

　出資とは、文字通りスタートアップに資本を入れるということです。業務委託は、お金を支払ってソフトウェア開発してもらうことで、準委任はお金を支払って何らかの作業を担ってもらうことです。

　ジョイントベンチャーは、双方が資金または労働力を出し合って、事業を進めていくことで、事業からの成果をあらかじめ決められた比率で分配することです。

　これらは、どれかひとつを選択しなくてはいけないということではなく、複数の組み合わせで関わることもできます。

　たとえば、はじめは5％ほどを出資しておき、その上で準委任契約を結んで

商品・サービスを開発してもらうか、あるいは出資した上でジョイントベンチャーの契約を締結し、先方に労働力を提供してもらうか、といった組み合わせです。

　スタートアップ側のキャッシュフローに余裕があれば、ジョイントベンチャーはよいかもしれません。しかし、スタートアップは成長に伴い資金がショートしがちなので、その資金を供給するために業務委託や準委任契約を締結し、輸血し続けるのが現実的かもしれません。

　しかしながら、彼らの人的リソースの多くを自社のために割り当ててしまうと、スタートアップはいつまで経っても成長できません。すでにVCが入っている場合には、そういったことに対する忠告がなされると思いますが、そうでない場合には、既存企業側が気をつけたほうがよいでしょう。次第に彼らのモチベーションが落ちる可能性があるからです。

　また出資比率も、彼らがそれを望んだとしても、初めから大きな比率を入れると、彼らのモチベーションが削がれる可能性があります。たとえば、50％以上保有してしまうと、創業メンバーたちが成功したときに受け取る金額がかなり小さくなってしまうため、馬車馬のように働くというモチベーションが減ってしまう恐れが出てきます。

　仮に上場して時価総額が1000億円になったと仮定すると、創業メンバーが60％保有していれば600億円を手にするのに対して、企業側が50％を保有すると、たとえばIPOのタイミングで25％を市場で売却して資金調達したとして、創業メンバーが手にする金額はその半分の250億円になってしまいます。

　さらには、株主総会などでの親会社の思惑が大きく経営に影響することが、創業メンバーたちのモチベーションを大いに下げることも考慮するべきです。親会社ではその気はなくても、創業メンバーたちがそれを想像しただけで、モチベーションは大きく下がります。

　資本を入れるのは、当初は5％以下で、徐々に上げていき、最終的に20％〜33％に留めて置くのが、お互いのバランスを保つためによいと思います。

◆上場かバイアウトか
　彼らが成長していくと、あるタイミング（シリーズBあたり）で上場の話が

具体化してきます。出資している企業としては、そのまま上場を狙わせるか、自社で買い上げるか、あるいは保有している株を他社に売却するかを考えることになります。

　自社の戦略にとって欠かすことのできない企業に育っている場合には、他社に売却するという選択肢はありません。他社に売却するというのは、自社にとっての将来の価値が見通せないからです。

　戦略上重要な企業に育っている場合、バイアウト（VCや役員たちから株を買い上げる）して、完全子会社化、または自社に吸収統合する選択肢もあります。自社に統合する場合には、どのように既存組織との折り合いを付けるかが大きな課題になってきます。

　一方で、戦略的に重要な企業に育ったとしても、自社との共同事業以外の部分でも十分に利益を上げていて、それらの事業が伸びていく可能性がある場合、上場させるという選択肢もあります。

◆上場させた場合のメリット

　万が一、彼らが想定どおりに成長し、上場することができた場合、そこにマイナー出資している企業としては、どのようなメリットがあるでしょうか？

　それを考えるには、YahooやAlibabaに出資しているソフトバンクグループが参考になるかもしれません。Yahooの場合は、米国のYahooに出資をし、日本での運営とブランド名の利用を手に入れました。Alibabaについては、日本では特に目立った展開はしていないようです。

　どちらにしても、彼らが上場したことにより、ソフトバンクの価値は上がっています。その上昇した価値をもとに、借入金額を増やして、さらに企業を大きくしていくことに成功しています。そして、大型買収等でキャッシュが必要になったタイミングでは、その保有株の一部を切り売りしています。

第三部

既存の事業を
改善するためのDX

第9章：既存事業でDXをやるのは、これだけ大変

　この本を手に取った読者の多くは、既存事業がこれからの時代を生き抜いていくために、DXでパワーアップさせたいと考えていると思います。しかし、それはいばらの道だと認識して覚悟を決めて進める必要があります。

1 ◆ とにかく大変。ハンデだらけ

◆既存の事業に存在する「かかりっぱなしのブレーキ」

　この章では、既存事業でDXを行うことの何が大変なのか？　について書きます。これはDXが失敗する理由でもあります。

　既存の事業と言っていますが、いわゆる新規事業であっても、既存の事業体（法人組織）で取り組む限り、同じ問題が発生します。

　正直、ここに書かれている苦難をすべて乗り越えるよりは、スタートアップ企業が創り出す新たな事業に乗り移るほうがはるかに成功率は高いのではないかと思ってもいます。

　しかし、だからと言って、100％失敗すると言っているわけでもありません。ここで書かれている苦難を乗り越えた企業だけが、既存事業のDXに成功するでしょう。

　それには、強力なリーダーシップが必要です。社長の力が絶大で、社長自らが他の役員や社員を叱咤激励して、これらの障害を根気よく、しかしスピーディーに取り除きながら、進んでいく。そんな組織であれば、既存事業であってもDXに成功し、これからの数十年を生き残れる企業に変態（トランスフォーム）できるでしょう。

　大企業のみならず、確実に利益を出している中小企業であっても、スタートアップ企業にない有利な資産を持っている一方で、とてつもなく大きなハンデも負っています。これからの数十年間はスピード勝負です。なぜなら、ほとんどの事業がグローバルでの競争にさらされるからです。

貧困から這い上がろうと命がけで働く新興国の人たちがつくるスタートアップと競争しなくてはいけないからです。彼ら新興国の人たちには、24時間戦うのが美とされてきた80年代までの日本のサラリーマンと同じで、有給休暇なんてものはありません。

　そんな激しい競争環境にいるにもかかわらず、日本にある既存の事業には「かかりっぱなしのブレーキ」が存在するのです。ブレーキをかけながら、自転車を漕いでみてください。まともに走れないと思います。既存事業がこれからの10年～20年を競争していくということは、それだけの大きなハンデを負っているということです。

　以下に、それらを説明していきます。

2 ◆ 情報システムの壁

　既存事業が抱えるハンデのひとつは、情報システムです。ほとんどの企業には、すでに導入した情報システムがあります。会計システムを筆頭に、製造システム、物流システム、在庫管理システム、受発注システム、ECシステム、請求入金システム、支払システムなど業種によって多少の違いはあるものの、現在の事業を運営していくために最適な形で導入され、利用しているシステムがあります。

　DXで事業のやり方を変えるには、ほぼ必ず既存のシステムを変更する必要があります。また、新規事業を立ち上げるにしても、既存システムとの連携が必ず発生します。その際に、既存システムの変更に、多くの時間と費用がかかってしまうようでは、本来スピーディーに立ち上げ、市場の反応を見ながら1週間・1カ月単位でサービス内容や業務のやり方を変化させていく新規事業の要件に合わず、新規事業推進に重い足かせをはめることになります。

　既存の情報システムがDX推進の壁になることの詳細については、経済産業省が2018年に作成して公表している「デジタルトランスフォーメーションレポート～ITシステム「2025年の崖」の克服とDXの本格的な展開～」に詳しく書かれていますが、ここでは、その中で指摘されているものでも重要な観点をあげます。

既存システムの問題は、大きく以下に分類されます。

①既存システムが事業環境に合わなくなっている
②既存システムの再構築や改修が、とても難しい
③既存システムを維持するだけでIT予算の8割が割かれてしまう

①既存システムが事業環境に合わなくなっている

　事業環境が目まぐるしく変わっていく現在において、新しいニーズに対応して、新しいシステムが、既存システムに接続する必要が生じたり、既存システムそのものに変更が必要となったりするケースは、常に発生します。

　また、これまで不可能だったことが可能になることによって、業務そのものが不要になったり、新たな業務を加えて、より良いサービスに昇華させたりするニーズも生まれてきます。

　たとえば前述のように、機器の状態を確認・検査する必要がある場合、これまでは人がその機器のところに移動して、その機器につけたゲージ（計測器など）を目視で確認する必要がありました。したがって、ひとつの機器を点検して状態をシステムに入力する頻度は、月に1度とか年に1度というペースでした。

　しかし、IoTを導入すると、機器のほうが自らの状態をより細かい頻度（秒単位、時間単位、日単位）で、クラウドに上げてきます。すると、月・年に1回行っていた点検業務は不要になり、そのためのシステムも不要になります。

　GEが製造している航空機エンジンの例では、飛行中の航空機のエンジンの各パーツの状態がリアルタイムでシステムに表示されるようになり、さらにそれが長期間記録されるようになるため、故障の予兆が可能になります。その予兆をもとに部品交換のやり方を変更することによって、航空会社に対して、「止まらない動力の提供」というサービスが提供できるようになりました。

　このGEの例では、点検業務とともに点検記録を入力するシステムがなくなるだけでなく、故障の予兆管理のシステムと、部品の調達業務や、部品交換業務がまったく違うやり方に変わるため、既存システムでは対応できなくなります。

②**既存システムの再構築や改修が、とても難しい**

　既存システムを再構築したり改修したりすることは、以下の理由で非常に困難になっています。

・現行仕様が分からない
・仕様は分かるが、なぜその仕様になっているのかが分からないため、廃止や変更を加えて良いのかどうかが判断できない

　こういったことがなぜ起こるかというと、企業が成長するにしたがって組織が大きくなり分業が進み、全体像を理解している社員がいなくなるからです。既存システムを導入した時期には、会社の複数の部署の業務プロセスを横断的に理解している人がいたものの、彼らは退職や異動して居らず、現在の業務担当者は、自分の業務しか理解していないために、その業務の背景や、プロセス前後を担当している人や他部署で何をしているのかを理解していないのです。
　特に、SAPやオラクルなどのERP（統合業務パッケージ）にシステムの多くを移行した企業の社員は、仕様を知らなくても業務が回るために、細かい業務の仕様はパッケージシステムのパラメータに内包され引き継がれてきませんでした。
　また、要件定義書や設計書が残されていないか、要件や仕様は書かれていても、どうしてその要件や仕様になっているのか等の背景が書かれていない、あるいはその後に加えられた変更が反映されていないために、役に立たないといったことも理由のひとつです。

③**既存システムを維持するだけでIT予算の８割が割かれてしまう**

　既存システムを維持するだけでIT予算の８割が割かれてしまうということがDXレポートで指摘されています。このことは、戦略的に重要な攻めのITに、十分なリソースを割くことが難しいということになります。
　多くの企業がこの状況にありますが、この状況を脱するためには、既存システムを再構築して運用・保守コストを大幅に削減するところから始めなくてはなりません。これには、とても時間がかかります。そして、運用・保守コスト

を大幅に削減するための既存システム再構築にかかる費用が、運用・保守コストに予算を取られて、十分に捻出できないというジレンマを抱えているのです。

　以上のように、既存の事業のDXには、既存のシステムが大きな足かせになります。スタートアップ企業に比べると、圧倒的にスピードが遅くなるという点は、どうしようもありません。

3◆何をするにも、遅くて高くつく

　スタートアップ企業に比べて、既存企業が新しい事業を行う場合、情報システムに限らず、何をするにも時間とお金が余分にかかります。
　その理由は、少なくとも次の6点にあると考えます。

・いまの業務や顧客、機能を捨てられない
・法令が邪魔をする場合も
・自社製品や方針を押し付けられる
・部門連係を強制される
・求められる品質が高すぎる（ブランドの弊害）
・セキュリティに対する要求が大きすぎる

◆いまの業務や顧客、機能を捨てられない
　従来の商品・サービスを欲するニーズが劇的に減っている場合、過去顧客が多かったときに最適化されていた体制とは異なる体制や役割分担が必要となってきます。本質的なサービスの提供に特化して、ムダを省いていかなくてはなりません。
　過去に提供してきた付加価値の中でも、利益につながらなくなっているものは、ムダと言えるでしょう。このようなムダをいつまでも残していると、業務は複雑なままで、オペレーションコストが下がらず、売上だけが下がり続け、企業の負担になっていきます。
　ムダと思えるものでも、「昔ながらの顧客には高く支持されている」とか、「ご

く少数の顧客しか利用していないが、彼らにとっては、生活の死活問題となるので止められない」、「契約の変更が顧客にとっては不利な条件変更になり、賛同が得られない」などの理由で、残さざるを得ないと判断するケースも多いでしょう。そのような状態のところに加えて、新しい事業を行うとなると、既存の体制から人員を引きはがすことになります。引きはがされる組織にとっては、既存の業務を抜本的に変えない限り、残ったメンバーの負荷が高くなることが容易に想像できます。

　しかしながら上述のように抜本的な変革ができないため、新しいサービスに対しては、組織的な抵抗が起こりがちですし、新しいサービスには優秀な人材が集まらないという結果になります。

◆法令が邪魔をする場合も

　企業が、ある業務を不要として切り落とそうとしても、法令がそれを妨げることがあります。

　たとえば、前項のGEの航空機エンジンの例で、IoTの導入によって、機器のほうが自らの状態をより細かい頻度（秒単位、時間単位、日単位）で、クラウドに上げてくるため、これまで月・年に1回行っていた点検業務は不要になると書きました。

　しかし、航空機エンジンの定期保安点検が法令で義務づけられているとしたら、どんなに不要だとしても、人手で行わなくてはできない点検業務を切り捨てるわけにはいきません。

　このような業務を削減するには、行政に働きかけて法令を改正してもらう必要があります。

◆自社製品や方針を押し付けられる

　新しい事業において、なんらかの製品やサービスを開発するにあたり、すでに自社で扱っている似たような製品を利用せざるを得ない圧力が働くことがあります。

　たとえば、あるサービスを開発するのに、リソースや機能上の特性によってGoogle Cloudを中心に開発するのが最適だとした場合に、「ログイン認証は、

○○部門が開発しているので、そこの認証機能を利用するように」とか、「うちはMS社と戦略的な提携を結んでいるので、Google Cloudは使えない」などの声が、役員や部課長レベルから上がることがあります。

そうすると、ベストとは言えない環境での開発を余儀なくされたり、あるいはベストな環境で開発をするために、反対者を説得するための資料を作るなど実際に説得を成功させるまでに、ムダな時間と労力を費やしたりすることになります。

◆部門連係を強制される

新しく商品・サービスを開発する場合、これまでの業態や枠組みを跨るような商品・サービスになることは、少なくありません。その際、「△△をやるなら、□□部門で似たようなサービスを考えているから、そこと連携してムダがないように進めるように！」という指示が、ある役員から下りるケースがあります。

そうなると、部門間で調整したり、役員に調整結果を説明したりする手間と時間がかかります。それでも、調整の結果良い方向に向かうケースならまだよいのですが、概念的には似ているものの、本質的には似て非なるものだった場合には、説明に時間をかけるのは、本当にムダでしかありません。

たとえば、ある店舗チェーンで、専用のプリペイドカードの導入を検討しているとします。5000円のプリペイドカードを購入すると500円分のプレミアムが付与され、5500円分の商品が購入できるようになるサービスです。

ところが、その企業が運営している別の店舗チェーンでは、すでにポイントサービスを提供していたとします。当然、プリペイドカードを検討しているチームに対して、「別の店舗チェーンが提供しているポイントサービスではダメなのか？」とか、「棲み分けを考えなさい」とか、「統合したサービスを作れないのか？」とか、いろいろな面倒な宿題が出されることになるでしょう。

それぞれが独立した事業なのであれば、まずは最適と思われるサービスをスピーディーに追加するほうがよいでしょう。統合するのは軌道に乗ってからでよいのです。

◆求められる品質が高すぎる（ブランドの弊害）

　伝統的な企業が何か新しいことを始めるときに、「失敗したら、評判に傷がつく」、「別ブランドであっても、同じ会社がやっていることが分かれば、既存のブランドにも影響する」という理由で、リリースするまでの条件がとても厳しくなることがあります。

　新しい世の中に合わせた革新的なものをつくろうとした場合に、この傾向は顕著になります。革新的なものは、ヒットしない（うまくいかない）ことがほとんどです。仮に運よくヒットしたとしても、新しい価値観を持っていない人からの批判も大きくなります。

　しかし、スピード感を持って、新しいチャレンジをする場合には、細部の完成度が低かったとしても、実用に耐えられ、一番のウリで顧客を満足させられればよいのです。

　初めから高い品質を満たさなくてはならないとしたら、多少の完成度には目をつぶれるスタートアップとの競争に勝てるはずがありません。

◆セキュリティに対する要求が大きすぎる

　同様に、セキュリティに対する要求が大きすぎるという難点もあります。これは世界中でNEOバンク（銀行と同様なサービスを展開するFinTech企業）が急成長して、既存の銀行から顧客を奪い続けていることからも顕著です。

　極端な例ですが、大手企業では少しでも顧客情報が洩れたら大騒ぎになるため、セキュリティー対策に多くの費用をかけることになります。一方で、まだ無名のスタートアップ企業から顧客情報が漏れたとしても、誰も問題にしないでしょう。あるいは問題にする人がいたとしても、それが話題になることは、めったにありません。

　債権回収に対する姿勢も異なります。伝統的な企業は、代金が回収できるまでに多くの時間と労力を費やしますが、スタートアップ企業は、初めから一定数の未払いを想定していて、早期にファクタリング業者に債権を売却して現金回収をしつつ、そのような顧客との縁を切ります。不採算顧客に対してさらにお金（債権回収のための人件費など）を費やすほどムダなことはありません。

4 ◆ 上場企業がはめている足かせ

　もしあなたの会社が上場企業である場合、スタートアップ企業と対抗していくのはとても厳しいでしょう。資金力と信用力は武器ではあるものの、以下の点で足かせを嵌めて戦うことになるからです。

・失敗すると叩かれる。社会的責任という呪縛
・労働時間の上限
・チェック機能という無駄

　ひとつずつ見ていきましょう。

◆失敗すると叩かれる。社会的責任という呪縛

　上場企業には、さまざまな社会的な責任が求められます。法を犯すことはもちろんのこと、社会通念上多くの人を不愉快にすることや、差別や偏見による発言をすることも許されない風潮にあります。SNSが普及して、一般市民が発言権を持った現在は、ちょっとしたことで炎上し、クレームだけでなく、社会的にバッシングを受けます。

　もちろん、業績が悪ければ株価は下がり株主から追及され、配当が下がっても、株主から追及されます。しかし、それに留まることなく、さまざまな人たちが、ちょっとした気に入らないことであっても、すぐにクレームを入れたり、SNSで炎上したりします。

　スタートアップ企業や新興国の企業では、そんなことはありません。何か間違いがあったとしても、誰も注目しません。

　つまり、上場企業は、新しいことに挑戦する場合、とくにそれが社会の仕組みを大きく変えるようなもので、多くの人の生活に影響を与えるようなものの場合、厳しい監視の目にさらされます。それに対して防御的になればなるほど、先進的な取り組みのスピードは削がれ、競合するスタートアップや海外企業に後れを取ることになります。

◆労働時間に上限がある

　昨今、上場企業に求められる法令順守はますます厳密になっています。もちろん法令は守って当たり前で、これまでが異常だったのです。バブルの頃は、ジャパニーズサラリーマンは24時間働く企業戦士だと、自らを鼓舞するCMが流行りましたし、皆、深夜まで残業し、休日出勤も厭わない働き方が、当然だと思っていました。

　しかしながら、いま世界を席捲しているスタートアップ企業では、いまだにそのような働き方をしていると聞きます。たとえば、以前テスラに勤めていたという知人は、そのような働き方が嫌でGoogleに転職して、人間らしい生活に戻れたと言っていました。

　スタートアップ企業に勤めている人々の多くは、会社が新しい世の中を創ることに賛同し、そこで大きな貢献をしたいと思っています。会社による社会への挑戦は、自身の社会への挑戦とイコールであり、世の中の課題を解決することが自分のやりがいとなっています。それは仕事ではなく、人生そのものです。仕事と遊びの区別がない「夢中になっていること」なのです。

　そのような人たちは、寝る時間以外はずっと「夢中になっていること」について考えています。そのことを考えている時間や、その考えを実行する時間は、楽しくてしかたないのです。

　一方で、上場企業の社員が同じように「夢中になっていること」に四六時中時間を費やしていたとしたらどうでしょうか？　36協定違反で労働基準監督署から怒られるとして、会社がそれを止めるのではないでしょうか？

　企業には、さまざまな社員がさまざまな思いで働いています。上場企業のような安定した企業になると、多くの社員が安定した生活を求めて入社し、そのまま勤め続けます。生活の中心は仕事ではなく、家族や友人とのしあわせな時間です。36協定は、そういった人たちを守る制度です。

　会社は、一律で社員を管理します。本人や同じチームのメンバーが寝る間を惜しんでまでも「夢中になっていること」に時間をつぎ込みたいと思っていても、「家族や友人とのしあわせな時間」を求めている大半の社員たちにとっては、迷惑でしかありません。そのようなやり方を許容することで、関係ない仕事をしている自身にも同じようなパフォーマンスが要求されるのを恐れます。

優秀な人が集まり、それぞれが寝る間を惜しんで「夢中になっていること」に集中している企業と、毎日8時間を週5日だけそれに「夢中になる」企業では、スピードが違いすぎて、競争になりません。上場企業であるだけで、動きが遅くなり、不利になるということは明白です。

◆チェック機能という無駄

　上場企業に求められる、さまざまな社会的な責任の中には、間違ったことをしてはいけない、不正があってはならない、というようなものがあります。社会的に間違ったことでなかったとしても、これまでの社会通念上は好ましくないものや、軋轢を生むものを行うことは良しとしません。

　スタートアップ企業では、やってダメだったら改善するというやり方をします。一方で、上場企業では、ダメでないことを何重にも確認した上で、大丈夫だという確信があったらやる、というやり方になります。

　それは、担当者やチームに閉じた話ではなく、チーム長の許可を得て、次に部長の許可を得て、さらに事業部長の許可を得て、さらに役員全員の許可が必要……というようなことは、よくあります。事業部長や役員は多忙なことが多いため、いちどに集めて決裁を採ることは難しく、結果として、企業としての意思決定に恐ろしいほどの時間がかかります。

　スタートアップ企業であれば、その場で即決するような意思決定が、上場企業では半年〜1年かかっても決まらないことがほとんどです。

　以上のように、上場企業で新しい事業を始めるというのは、実はとても不利なのです。

　資金力や豊富な人材がいるというのはとても有利ですが、昔ほど有利な条件ではありません。なぜなら、クラウドサービスやシェアリングエコノミーが普及したことにより、以前よりも起業に資金が必要とされなくなっていて、さらには人材も以前よりは流動的になってきたからです。

　そういった背景の中で、制度面で上記のような足かせを嵌められているため、一番大切なスピードが落ちてしまうのです。

5 ◆ 本気にならない社員・役員

◆仕事とは大部分が生活の糧を得るためのもの

　既存の事業に存在する「かかりっぱなしのブレーキ」のひとつに、人があります。社員も役員も、自分の生活が第一であり、それを犠牲にしてまで人生を会社に賭けるということをする人はほとんどいません。

　既存の事業で働く社員を悪く言っているのではありません。良し悪しの問題ではなく、在り方の問題だからです。

　通常の会社では、社員にとって、仕事とは大部分が生活の糧を得るためのものです。それまでの自分の生活を維持・改善することが最優先なのです。それから外れるどころか、その生活を脅かすかもしれない働き方を素直に受け入れられない人は当然います。

　もちろん、その中でも少なからずやりがいを見出して、一生懸命会社のために働く人もいます。残業ばかりで、家事や子育てを配偶者にまかせっきりの人もいます。

　それでも、チーム全員がそういう働き方をする企業は少ないですし、そういう働き方を強いるどころか許容するだけであっても、社会的にもコンプライアンス的にも非難されるようになっています。

　一方で、スタートアップ企業の人々は異なります。彼らの多くは、情熱を持って事業を進めています。

　創業メンバーにとって、事業は自分の子どもであり、作品です。自分が心血を注いで育てなくては、死んでしまいます。中途で加入した社員であっても、ストックオプションを含めて、成功したときの見返りも大きいために、全力を尽くします。

　事業が成長すると、新たなメンバーが次々と増えていきます。新しい出会いも楽しいですし、自身の役割も大きくなり、成長していることが喜びになります。人生の中で、もっとも輝いている時間かもしれません。

「あと３年は、仕事だけに集中したい。人生の中で、そういう期間があってもよい」と思って仕事をします。

趣味に費やす時間も仕事に充てます。仕事が楽しくて仕方ないのです。楽しいことを追求しているので、どんなに長時間休みなしで働いても、苦にはなりません。若手が多いので、まだ家族に時間を使う必要がないのも、そういった働き方の助けになります。

◆人は変化を嫌い、変化に対して抵抗する

一方で、通常の企業（5章で紹介したライフサイクル上の中年期以降の企業）の役員や中間管理職にありがちなのは、足の引っ張り合いです。露骨でないかもしれませんが、意識的にやる人がいる一方で、無意識に足を引っ張る人もいます。

DX担当役員は、成功すると社内での立場が上がります。したがって、他の役員は自身の出世を考えた時、DXプロジェクトが成功するのは嬉しくありません。

もちろん、中には、会社が成長するなら自分が活躍しなくてもよいと考える人も少なくありませんが、企業の中に一人でも足を引っ張る人がいると、DXプロジェクトは進みが遅くなります。

出世が原因でないとしても、面白く思わないケースはたくさんあります。自身の部門からエース級の人材が取られてしまったり、売上や業績の良い自身の管掌部門の予算が削られてしまったりすることは、不満を持たれがちです。なかでも既存事業の中でも最大の利益に貢献をしている部門には、その傾向があります。

企業の中での既存権益を奪われまいと、必死に抵抗する人もいます。そこには理屈は通用しません。自分を守るためには、会社の将来はどうでもよいと思ってあからさまに攻撃してくる人がいます。

これは、役員や中間管理職だけではなりません。私がコンサルをしている中で、何度か目にしていますが、事務を担当している社員が、非協力的なのは、自身の仕事が奪われてしまうと考えているケースが少なくありません。

失業の危機を感じての抵抗だけではありません。自分のルーティンを変えたくないがために、業務改革に否定的な人も少なくありません。これは誰でもそういう資質があります。人間は変化を嫌うからです。

たとえば、パソコンを新しくしたときに、いままで無意識にできていたことが、操作が分からずにやりたいことがすぐにできないで、いらいらしたことはないでしょうか？

　基幹システムでもなんでも、新しくシステムを導入するときには、必ず「使いづらい」「こんなの逆に非効率で時間がかかる」など、さまざまな問題を挙げて、使わないでよい理由を言い始めるのです。

　しかし、たいていの場合、慣れてくれば、そういった不平は消えてなくなります。その程度のことであっても、人々は変化を嫌い、変化に対して抵抗します。そのように変化が受け入れられるには時間がかかるのです。

　また、役員や中間管理職の中には、あと数年で定年になるという人も少なくありません。その場合、5年後、10年後には自身はもう辞めて会社にいないため、敢えてリスクを冒すよりも、在任中に業績を上げて退職金を上増ししたり、定年後の転職に有利な実績を作っておいたりしたいと考える人も少なくありません。

　無意識でもそういった心理が働くことは、不思議でもなんでもありません。しかし、そういった無意識の心理が、日常の意思決定や態度ににじみ出てしまうことは十分に考えられます。

　それが、些細な意地悪であったとしても、DXプロジェクトの勢いを削ぐことにつながります。

第10章：いまの事業をDX化する

　前章では、いまの事業をベースにデジタル化し、新しいビジネスモデルにつなげていくには、非常に大きなハンデを背負いながらやる必要があることを説明してきました。

　この章は、それでも覚悟を決めて、既存事業をDX化に挑戦しようとする企業に向けたものです。新規事業開発という一か八かの賭けに出るのではなく、いまの事業をベースにデジタル化し、新しいビジネスモデルにつなげていくという、改善型のDXについて考えていきます。

　このアプローチは、ほとんどの企業にとって一番受け入れやすいアプローチです。そして、これからの新しい社会システムの中に運良くフィットできれば生き残れますし、そうでなくても、しばらくの間は、事業を延命することができるかもしれません。しかしながら、市場そのものが消失してしまう場合には、無駄な努力に終わるかもしれません。

1 ◆ DXのステップ

　既存企業がDXを進めるにあたり、非常にシンプルに表現すると、2段階で進めるとよいでしょう。第一段階がデジタル化で、第二段階がビジネスモデル変革です。

　DXで対象とするビジネスモデル変革は、デジタル化が前提なので、第一段階をデジタル化としました。デジタル化の対象となるものは、「すべて」です。しかし、ビジネスモデル変革は、すべてがデジタル化されるのを待つ必要はありません。中には、いますぐデジタル化するのは、技術的に不可能だったり、あるいは現在はまだ経済合理性がなかったりすることもあるからです。

◆第一段階であらゆるものをデジタル化する

　DXの第一段階としては、あらゆるものをデジタル化することです。どうい

うことかというと、現在の事業を100%完全無人化するということですし、ハードウェアである必要のないものは、ソフトウェア化するということです。

ソフトウェア化するということは、どういうことでしょうか？

それは、もしあなたが50歳以上であれば、子ども時代に部屋にあったもの、机の上にあったものを思い出してください。

・時計
・カレンダー
・手帳、メモ帖
・筆立てと鉛筆・消しゴムなどの筆記用具
・辞書、本棚
・カメラとフィルム、写真のアルバム
・時刻表
・電卓・そろばん
・地図
・コンパス
・新聞・雑誌
・ラジオカセット
・カセットテープ
・電話機・FAX
・連絡帳
・財布・貯金箱
・懐中電灯

他にもあるでしょうか？　でも、何か気づきませんか？

そう、懐かしいものばかりですよね？　中にはまだ家にあるモノもあるかもしれません。

さて、これらのモノたちは、どこに行ったのでしょうか？

そう、ほとんどすべてが、あなたのスマートフォンの中に入ってますよね？

これらは、かつては、すべて形のあるモノでした。それらが、いまは形がな

くなり、スマートフォンの中にソフトウェア（アプリ）として入っています。ソフトウェアは何で出来ているかというと、0と1で表されるデジタルデータの固まりです。

　つまり、あらゆるものをデジタル化するというのは、すべてを0と1のデータとソフトウェアに変えるのです。

　仕事をすべてデジタル化すると、完全に無人化されます。もちろん、前述したように、すべてをいますぐデジタル化するのは不可能ですから、できるところからすることになります。

◆第二段階でビジネスモデル変革

　業務がデジタル化されると、後に詳細に述べますが、不思議なことが起こります。無人化・自動化できるようになるのは一面でしかありません。たとえば、紙がデジタルになることを想像してください。

　コピー機は、紙の書類をイメージデータとしてデジタル化して、それを別の紙に転写する機械です。コピー機が出来る前は、トレーシングペーパーという透き通った紙を使って、紙の下に置いた別の書類を書き写していました。

　また、コピー機が一度デジタル化したデータを他の目的に利用するために開発されたものが、FAXやスキャナーです。したがって、いまは複合機として、ひとつにまとめられています。一度デジタル化したデータを遠隔に移動させるのがFAXです。スキャナー機能は、デジタルに変換した情報を、デジタルファイルとしてメディアに保存する機能です。

　保存したデジタルデータは、電子メールに添付して送ったり、後に別の資料に貼り付けたりすることができるようになります。FAXも電子メールも、かつては郵便という方法で人間が運んでいたものを、通信で電子的に送ることができるようにするものです。

　つまり、複合機は、紙の書類をデジタル化することにより、時間と人手をかけずに何枚でも複製できるようにし、人手をかけずに一瞬で遠くの地に運べるようにし、場所を選ばずに小さなスペースに保管できるようにし、検索という手段で、簡単に探せるようにすることを可能にしました。

　これらに人手をかけていた時代には、時間も人手も必要でした。つまり、そ

こにはお金がかかりました。いまはどうでしょうか？　ほとんど無料でできるようになっていませんか？

つまり、あらゆるものはデジタル化すると、さまざまな制約が取りはらわれてしまうのです。それまでは不可能だったことを、可能にする能力を持っています。それが何を意味すると思いますか？

これまで私たちが生活する基盤として存在していた社会システムは、それまで可能だったことを集めてもっとも効率的で経済的合理性のあったやり方で動いています。

しかし、それまで不可能だったことが可能になることで、もしかしたら今の社会システムとは異なるシステムのほうが効率的で経済的合理性があるかもしれません。そうだとしたら、新しい社会システムができてしまうと、古い社会システムを前提としたビジネスモデルは非効率になり、それゆえに経済的に成り立たなくなる可能性が高くなります。

一方で、新しく「可能になったこと」をベースにした社会システムを前提にビジネスを作り上げた企業は、非常に有利な状況になります。これがDXで言うところのデジタルを活用したビジネスモデル変革の本質です。

したがって、いまのビジネスのあらゆる部分をデジタル化することが急務なのです。

2 ◆ デジタル化が可能にするプロセス変革

デジタル化の戦略的な意味を考えるにあたり、デジタル化によって下記の9つのメリットを挙げました（47ページ）。

①オペレーション自動化
②複製し放題
③距離を超える
④時間の壁を超える
⑤質量がなくなる
⑥誰もが持てるようになる

⑦無料に近づく
⑧大量なデータを高速処理
⑨すべての経験を集約できる（高速学習）

　デジタル化のメリットとしては、商品やサービスのデジタル化と、業務プロセスのデジタル化で、それぞれ異なる観点が見えてきます。以下では、デジタル化が可能にするプロセス変革の特徴について考えていきます。

①オペレーション自動化

　企業活動をデジタル化することにより、どうしても人間が介在しなくてはいけないことを除いて、すべてが自動化されるようになります。人が介在しないということは、間違いが減ります。そして、何もかもが高速に処理できるようになり、24時間365日休むことなく企業活動が行われるようになります。

　オペレーション自動化は、コンピュータが世の中に現れてから、部分的には行われてきたので、今更と思う人もいるかと思います。

　たとえば、オンラインショップでは、一度に大量の注文を24時間休まずに受け付けることが可能です。そして、商品がデジタル商品であれば、商品がお客様に届き、代金の決済がなされるまで、すべてを１分以内で完了させることもできるようになっています。

　これらの自動化は、コンピュータが商用利用されたばかりのときは、給与計算業務の自動化だけでした。それが会計業務全般に広がり、製造、物流、販売業務まで広がっていきました。

　そして、これからも、ますます対象領域が広がっていき、やがてすべての業務が自動化されるようになるでしょう。

②複製し放題

　2章で述べたように、デジタル化されたモノは、それが写真や動画、オンラインブック、あるいはソフトウェアやアプリであっても、すべてについて簡単にいくらでも複製できるようになります。そして、いくら複製しても、劣化しません。

これが商品やサービスとしてではなく、業務プロセスにどう影響するかというと、これまで大きな仕事は、たくさんの人を雇って、並列で業務を遂行してきたように、デジタル化され、自動化されたオペレーションを並列で実行することで、より大量の仕事にも対応できるということです。

③距離を超える

　デジタル化されたモノは、それが何であっても、瞬時に地球の裏側まで移動させることができます。自動化されたプロセスは、世界のどこで行われようと、誰も気にしません。

　ビットコインのマイニングという処理が、中国やアイスランドの地下など、気温が低くて電気代の安い地域で行われているように、自動化された処理がどこで行われてもよいことになります。

　一方で、このデジタル化によって、距離を超えて業務を行うという特徴は、すでにアウトソーシングという形で、目にしている方も多いと思います。

　たとえば、米国では、過去に会計士補が行っていたような給与計算や確定申告書の作成などの業務は、かなり前にインドで行われるようになりました。これは、伝票や経理処理に必要な書類がデジタル化され、経理処理に必要なソフトウェアとともに、遠く離れたインドに送って実行していることで可能になりました。

　カスタマーセンターのようなコールセンター業務もフィリピンで行われていますが、これも、音声がデジタル化されて瞬時のうちに太平洋を越えた島国に転送することができるようになったから実現できていることです。

　実は以前インドに移設したものの、あまりにも訛りがひどくて、アメリカ英語に発音が近いフィリピンに移設されるようになったという逸話もあります。アメリカで行っていたプロセスを、インドに持って行ったり、フィリピンに持って行ったり……という距離を移動させることも、比較的容易にできるようになっています。

　また、スマートメーターやIoTによって、これまでヒトがモノの状態を確認するために移動しなくてはいけなかったことが、現地に行くことなく情報を得ることができるようになりました。

ZoomやSkype、Teamsなどのオンライン会議ツールを使って、参加者の映像や音声、資料をデジタル化することで、テレワークが実現できるようになったのも、デジタル化によって距離を超えた例です。

④時間の壁を超える

　デジタル化することによって、それまでは人が時間をかけてやっていたことが、一瞬で完了できるようになります。

　情報は、一瞬で地球上を駆け巡ります。このことは、マスメディアの世界に大きなインパクトを与えています。これまでは、最新の情報は記者が現地に行って手に入れ、それをマスメディアが最初に報道していました。

　しかし、現在では、世界のどこかで起こった事象が、記者が知るより先に、瞬時のうちにSNSで拡散されるようになってしまっています。マスメディアは記者からの情報ではなく、すでに大勢に知れ渡っているSNSの情報をピックアップしてニュースとして流すようになりました。

　また、前述のスマートメーターやIoTは、距離を超えることによって、モノの状態を知ることに時間も労力もかからなくなったことにより、これまでは一カ月間の使用量やヒトが確認に行ったときの状態しか知り得なかったものを、毎マイクロ秒ごとの使用量や状態を知ることができるようにしました。

　健康診断も同様で、これまでは年に１度しか測定をしていなかったので、癌などの病巣を成長する前に発見することはできませんでしたが、毎マイクロ秒ごとの健康状態を知ることができ、長期にわたって経時変化を見ることができるようになりつつあります。

　このように測定頻度が多くなると、問題の兆候をいち早く知ることを可能にし、課題解決までの時間を大幅に短縮することができるようになります。

⑤質量がなくなる

　デジタル化されると、モノの質量がなくなり、形も重さもなくなります。カメラも写真もデジタル化したことにより、スマートフォンの中におさまりました。もはや昔のカメラを持つ必要はありません。

　大きさも重さもなくなると、持ち歩くことが苦にならなくなるということも

前述しました。

　昔のように大量の書類を入れた重たい鞄を持ち歩く必要はなくなりました。それどころか、リモートデスクトップによってパソコンのCPU、メモリ、OS、ハードディスクの中身を丸ごとクラウドに移動することによって、リモートデスクトップにアクセスするための暗号鍵が入っているUSBメモリとマウス、小型のキーボードだけ持ち歩けば、移動先の液晶モニターに繋げるだけで、仕事ができるようになっています。

⑥誰もが持てるようになる
　これまでは、世界中の高名な教授や、企業のCEOの講演を聞こうと思ったら、飛行機に乗って移動しなくてはなりませんでした。往復するだけで2日はかかる出張は、時間も労力も消費します。さらには、旅費も講演費用も高額です。時間とお金に余裕のあるヒトや企業でなければ、そうそう手に入りません。
　また、さまざまな情報を調べたいと思った時も、図書館に行って政府観光庁が出した情報や、世界中の学術論文誌を出庫してもらい、片っ端から閲覧し、返却するということをするために、数週間費やす必要がありました。
　いまでは、自宅から、あるいはスマホを使って移動中に、世界中の資料を無料もしくは多少の金額を支払って、得ることができます。費用はかかっても、数週間の人件費に比べれば、誰にでも手の届くものです。
　資料のインデックスを一枚一枚確認しなくても、検索窓にキーワードを入れると全文検索で、そのキーワードを使っている資料とページ番号、キーワードを使っている箇所まで探せるため、労力が節約できるだけでなく、これまでは探しきれなかった資料まで探せるようになりました。
　また、出張に行かなくても、YouTubeで講演を聞くことができるようになっていますし、アフリカのスラムの住人であっても、スマートフォンがあれば、ハーバード大学やMIT（マサチューセッツ工科大学）の著名な教授の講義を聞くことができるようになりました。

⑦無料に近づく
　モノがいくらでも複製できるようになり、いくら消費してもなくならず、瞬

時に誰もが手に入れることができるようになると、これらはさまざまな理由で無料に近づくというのは前述のとおりです。

　プロセス変革を行っていく上で、さまざまな要素が無料化に近づいていくのは、企業にとってはコスト削減要素として歓迎できます。

　たとえば、ソフトウェアのコストは大幅に落ちています。クラウドサービスの登場は、従来のパッケージソフトウェアよりも、安価にソフトウェアを提供してくれます。

　新たにカスタムメイドのソフトウェアを開発する場合でも、かつてのように高価なハードウェアとデータベースエンジンを購入する必要はなくなりつつあります。

　Facebook認証やオープンソースのブログ管理ツールや買い物かご、決済を担う既存のマイクロサービス等を組み合わせることにより、実質無料でオンライン通販のシステムを開発することもできるようになっています。

　また、現在はまだ高価なAIツールですが、AWSやAzure、Google CloudがそのクラウドサービスにAIツールを取り入れることによって、将来的に価格は落ちていくでしょう。

⑧大量なデータを高速処理

　デジタル化によって、大量の情報を高速処理できるようになります。

　たとえば、以前はカタログ通販で商品を購入する際には、折込ハガキや折込のFAX用紙に購入したい商品番号を記入して、郵送またはFAXで注文を受け付けていました。注文を受け付けたセンターでは、それらを端末から受注システムに打ち込んでから、バッチで在庫引当、発送処理を行っていました。

　テレビショッピングでも、コールセンターのオペレーターが電話口で注文を聞き、端末から受注システムに打ち込んでいます。

　いずれにしても、大量の注文を受け付けるには、受注受付センターやコールセンターの人員を増やす必要がありました。毎日ほぼ同じだけ注文が入るのであれば、これらの人員はあらかじめ手配できるのですが、突発的に受注が増えたような場合には、処理を終えるまでに何日も顧客を待たせることになります。

　これらを、はじめからデジタル化することで、大量の要員にかかる人件費を

節約し、顧客が注文してから手元に届くまでの時間を短縮することができます。つまり、顧客が自分のスマートフォンやパソコンから直接注文することで、それが可能になります。全国から一斉に大量の注文が入ったとしても、それをすべて受付け、その場で在庫を引当てして、発送処理を行うこともできます。

　いわゆるオンライン通販、ネット通販がこれに該当しますが、大量の注文を同時に受け付けられるだけでなく、注文１つずつの処理速度が高速化し、顧客の注文から受け取りまでのリードタイムも限りなく短くできます。それをうまくやっている例は、アマゾンの即日配送サービスです。

⑨すべての経験を集約できる（高速学習）

　デジタル化によって、経験や学習をAIにさせることが可能になります。

　前述したように、これまでは、あるひとつの機械や、ある一人の人間が経験したことは、その人の経験にしかなりませんでした。しかし、データやIoTセンサーが出す信号を描き出したログを基に、複数のIoT間での違いを比較したり、時系列に比較したりすることで、AIは何らかの傾向を見つけ、学習していきます。

　そうやって学習したAIは、複製が可能なために、あらゆる場所に学習済のAIを搭載したシステムやロボットが稼働します。そして、それらに付いたセンサーが新たに出すデータや信号を一カ所に集め、AIを繰り返し学習させていくことで、世界中で起こっている事象をもとに学習したAIが開発できるようになります。

　前述のテスラの事例で見たように、運転手の経験を他の運転手に共有することには限界がありますが、自動運転車の経験は、世の中で稼働しているすべての車両で100％共有することができます。これにより、学習速度は天文学的に速くなります。

　以上が、企業がデジタル化によってプロセスを変革する可能性です。これらをうまく活用することで、これまで不可能だったことを可能にすることができ、それにより業務プロセスを劇的に変えて、新しいビジネスモデルを生み出すことができるようになります。

3 ◆ DX向けシステム開発の要点

　DXにはシステムが必ず必要になります。そして、DXを進めるにあたり、既存システムが壁になることは前の章で述べました。また、6章で既存システムを切り捨てろとも書きました。

　ここでは、DXでシステムを開発するにあたって、システムについての基本的な考え方と、取り組み方について触れておきます。

　2020年のいま、システムは、次の4つの種類に分類できます。

①基幹システム
②サービス提供システム
③分析系システム
④完全自動制御システム

　それぞれについて、順を追って説明していきます。

①基幹システム

　古くからある業務システムを指します。現在、基幹システムと呼ばれているものの多くは、会計システムや人事システム、サプライチェーン・マネジメント、銀行の口座管理システム等、既存の事業の中で取引の処理、取引の記録、集計、請求や支払などの帳票印刷や振込みの自動化などに利用されています。SAPなどのERP（Enterprise Resource Planning）もここに当てはまります。

　技術的には、1990年代前半まではメインフレーム、それ以降はクライアントサーバー型システムがベースであり、1990年～2005年にかけて、零細企業を除くほぼすべての企業に導入が進みました。この当時のビジネスは、常に新しい商品を生み出し、いかに安く大量に生産して、お客様に届けるか、に重点を置いていました。

　このタイプのシステムは、前述のジェフリー・ムーア氏の分類では、SoR（System of Record）と呼ばれ、取引を早く正確に記録することがもっとも重

要とされてきました。

　システムの開発方法は、ウォーターフォール型と言われ、要件をしっかりと決め、徐々に設計を詳細化していき、プログラム開発とテストを経てリリースするというステップでシステムが開発されていました。

②サービス提供システム

　世の中にモノやサービスが溢れ、ほとんどの人が必要だと思うものは大概手に入ってしまうようになると、モノやサービスの価値が以前に比べて相対的に下がり、誰にも買われなくなっていきました。

　そうなってくると、「まあ、これでコト足りるか」と顧客に見なされていた商品／サービスは、消費者から見向きもされなくなります。ひどい例では、「無料でもいらない」と言われてしまうようになります。

　その代わりに消費者は、感動を呼び起こしたり、記憶に残ったりするようなデザインやストーリー、得られる体験については、お金を払ってでも得たいと思うようになってきました。こうしたエンゲージメントと呼ばれる顧客接点・顧客とのやり取りが、重要視されてきます。

　いま、そういった要望にマッチしたサービス提供システムが、求められるようになっています。技術的には、クラウドとスマートフォンが中心のシステムであり、2005年〜2020年にかけて様々な企業で採用され始めています。

　顧客の体験（CX：顧客体験、UX：ユーザー体験）が何よりも大切で、消費者や従業員など、システムを使う人間にとって直感的に使いやすく、コミュニケーション、コーディネーション、コラボレーション、が促進されるシステムで、利用者にどう寄り添うかに重点が置かれています。

　このタイプのシステムを、ジェフリー・ムーア氏はSoE（System of Engagement）と呼んでいます。

　システムの開発方法は、一般的にはアジャイル型と言われ、利用者の心をつかんで離さないような使い勝手が求められるために、試作品を作ってはユーザーに使ってもらい、改善点をすぐに反映して、またユーザーに使ってもらう……これを繰り返すことによって、ユーザー体験を最大価値化するようにシステムが開発されています。

③分析系システム

　ビジネスの結果を分析し、業績を把握したり、顧客の好みを理解したりするなどして、明日以降のビジネスに向けて何らかのアクションを行うためのシステムです。最近では、いわゆるビッグデータを保存し、活用するシステムもこれに分類されます。

　基幹システムやサービス提供システムの取引履歴や、業務プロセスの各段階のデータログを、各システムから収集し、データウェアハウスまたはデータレイクに集めます。

　たとえば生産プロセスの中に埋め込まれた温度計や振動計などのセンサーや、携帯電話のGPSを活用した移動記録のような、ひとつひとつのデータには何の意味もなく、データというよりは"信号"でしかないようなものも含まれます。これらは、まとめて時系列で分析することにより、意味のある結論を導く可能性があります。このタイプのシステムを、ジェフリー・ムーア氏はSoI（System of Intelligence）と呼んでいます。

　こうしたトランザクションや信号のまとまりをインプットとして、機械学習させることにより、AIシステムを開発することもできます。

④完全自動制御システム

　IoTがますます普及し、あちらこちらに通信機能付きセンサーが埋め込まれるようになると、AIはますます高度な判断ができるようになってくるでしょう。そしてそのAIが人間に代わって機械やロボット、自動車等を制御するようになると、自動運転が可能になります。

　このタイプのシステムを、ジェフリー・ムーア氏はSoA（System of Autonomous）と呼んでいます。

　ウェイモやテスラが開発している自動運転車のシステムが代表的な例です。彼らは車両にレーダーやカメラ、温度・湿度・振動などのセンサーを付けて、人間が運転したときの車両内外でそれぞれのセンサーが読み取った信号をクラウドに送信し、それらを教師データとして機械学習を繰り返しています。

◆DXに合ったシステムはどれか？

では、これら4種類のシステムの中で、DXでもっとも重要なのはどれでしょうか？

競争の源泉になるのは、間違いなく②〜④（サービス提供システム、分析系システム、完全自動制御システム）です。しかしながら、①の基幹システムがなくては、ビジネスが成立しないケースが多いのも事実です。なので、②〜④に制約や負荷を与えない、安価な基幹システムを用意できるかどうかも重要になってきます。

現行の基幹システムが、DXの取り組みの結果新しく生まれたサービス提供システムからタイムリーにデータを受け取り、サービスが思い通りに完結するならそのままでよいでしょう。

一方で、新しいサービス提供システムと接続するための改修に時間や費用が許容されないくらいかかってしまうようなら、古い基幹システムを利用せず、パッケージを活用したり、新しい技術で簡易的に開発したりすることで、安価にクイックに作ったほうがよいでしょう。

競争の源泉ではない基幹システムに、多くの時間や費用をかけるのは好ましくありません。

一方で、上記のシステムの分類は、DXで新たな商品／サービスを検討するにあたり、どこに焦点を当てるべきかを考える上で役に立ちます。

2010年以降、クラウドコンピューティングとスマートフォンの限界コストは、限りなくゼロに近づいています。限界コストとは、生産量を1単位（最小単位）だけ増やしたときに、総費用の増加分のことを指しますが、要するにコストがゼロに近づいているということです。

技術的にこれらの技術が中心であるサービス提供システム（SoE：System of Engagement）でビジネスを構築した企業が2010年以降に急成長しているのは、そのためです。

たとえば、Airbnb、Uber/Lift/Grab、Instagram, Netflix, Spotifyなどです。

これらの企業は、実際の資産は保有せずに借りているだけです。実際の資産はシステム、それもソフトウェアだけで、クラウド上で動作しています。そのシステムに、消費者が自身のスマートフォンを使ってアクセスし、サービスを

利用するのです。

　これらのサービスでは、クラウド上で動作しているために、ユーザーが一人増えたとしても、登録された部屋や、登録車両がひとつ増えたとしても、追加コストはほぼゼロです。

　いま、DXで新たなサービスを始めるのに、もっとも低コストでリスクが少ないのは、②のサービス提供システムで作り込んだサービスです。なぜなら、初期コストも抑えられている上に、上述のように限界コストがゼロであるため、どんなにユーザーが増えようともコストは増えないからです。

　このように、限界コストがゼロになるタイミングが、その技術を利用したときに利益を最大化できるタイミングなのかもしれません。

　この限界コストがゼロになるタイミングは、半導体の進化速度によるようです。前記の①～④のシステム分類のうち、①と②はすでに限界コスト（初期費用ではなく、あくまでも利用者が1人増えた、あるいは商品がひとつ増えたときのシステムコストの増分）がゼロに近づいています。③の分析システムについては、まだゼロになっていませんが、徐々に近づいています。④については、まだまだです。

　上記に従うと、現時点のビジネスで顧客を最大限獲得したときに利益を最大化できるのは、②のサービス提供システムを中心として組み上げたビジネスだということになりますが、将来の利益を最大化しようとしたときには、別の視点があります。

　次ページの図はイノベーター理論で、新しいコンセプトの商品が、どれくらいの顧客に受け入れられるかを示した図です。そして、顧客は一定の比率で性質が分かれていて、時間の経過とともに別の顧客層に浸透していくことを示しています。

　通常は、この図を使うときは、売り手側の視点で語ることが多いのですが、ここでは真逆に考えてみましょう。つまり、買い手として自社の性質を考えると、DXを進めるにあたり、①～④のシステムの分類それぞれについて、どのタイミングで導入するのがよいのかを考えてみます。

　さて、あなたの企業は、次のどれに当てはまりますか？

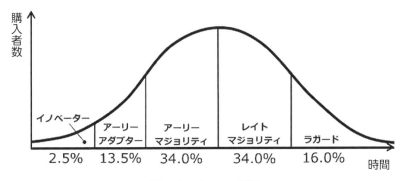

図：イノベーター理論

イノベーター：最新テクノロジーにはすぐに飛びつく。誰よりも早く、そのメカニズムを知りたい。なぜなら、真っ先に取り組めば、先行者利益を取れるから。技術が未熟で難易度も高いが、だからこそやりがいがある……という企業です。

　ここに属する例は、マーク・アンドリューセンです。彼は、インターネットが商用化されたばかりの早いタイミングで、インターネットがどのように動くかに興味を持ち、Mosaic（モザイク）というWebブラウザを世界で最初に開発しました。そしてMosaicを商用化したネットスケープというソフトウェア会社を起業し、マイクロソフトを焦らせました。ブラウザはそれまであったOSの優位性を消してしまうからです。

アーリーアダプター：そのテクノロジーがどのようなメカニズムで有効なのかにはさほど興味はないが、この技術はゲームチェンジャーになる予感がする……と考える企業です。将来のビジョンが見えて、それに突き進む企業です。

　この性質を表す例は、ジェフ・ベゾスです。彼は、小売業をどのように変えるかを考え、アマゾンを起業しました。

アーリーマジョリティ：あなたがやるなら、私もやる。周りがやるなら、当社もやる。「お宅はやってる？　やってない！　じゃあ、うちもまだやらなくてよいか……」あるいは「え、もうやってるの！　じゃあ、うちも急がなきゃ！」というタイプです。でも、誰かがやるのを見ないとできない。ぴったり合う事

例がないとできない……ほとんどの企業はこのタイプです。

レイトマジョリティ：どうぞ。私は待っています。技術が枯れてきて、安く手に入るようになったら採用しようかな……というタイプです。

ラガード：こんなの必要ない。人間が頭で考えて、人間が心を込めて対応するから、お客様が満足するんだ。機械にできてたまるか！……というタイプです。

◆あなたの企業はディスラプターになれるか

　あなたの企業は、どれに当たりますか？

　あなたの企業がアーリーマジョリティだとしたら、新しいテクノロジー分野での事業は、事例がない限りは稟議が通りません。役員会がGOサインを出さないでしょう。したがって、残念ながら、世の中を変えるディスラプターになるのは非常に厳しいと言わざるを得ません。むしろディスラプトされる側です。

　アーリーアダプターがゲームのルールを変えたとき、その新しいルールに適用できれば生き残れますが、そうでなければ生き残れません。

　実は、新しいものに飛びつくよりも、誰かが成功したやり方をそっくり真似たほうがビジネスは上手くいくという考え方もあります。

　一方で、いまの時代、業界で生き残れるのは上位２～３社のみと言われています。日本だけは、なんとかグローバルプレイヤーたちに踏みつぶされていませんが、その代わり拡大しているグローバル市場に入れず、どんどん縮まっている日本市場でしか生き残れていません。

　たとえば、アマゾンは、世界の小売市場で一人勝ちです。日本でも、楽天よりも先を行っています。まだ記憶に新しい、楽天が送料無料を強行しようとして公正取引委員会から止められたときに主張していた理由は、それをしないとアマゾンに勝てないからでした。

　また別の例では、メッセンジャーの世界でも、日本では主流のLINEも、世界ではFacebook（Instagramも含む）が圧倒的に１位です。映画配信の分野もNetflixも２番以降にアマゾン（Amazon Prime）と最近始めたアップルくらいです。ケーブルテレビはその存在意義を終えようとしていて、まもなくディス

ラプトされるとも言われています。

　もし、そうだとすれば、アーリーマジョリティ以降の企業は、これからの時代には生き残っていくのは非常に厳しくなるでしょう。後追いでアーリーアダプターを真似することで、新しいルールに適応し、そのルールの中でうまく立ち回り、業界２位か３位を狙っていくというのが、取るべき戦略なのかもしれません。

　なお、先の４つのシステム分類の中では、アーリーアダプターが活用すべきは、②のサービス提供システムと、③の分析システムになると思います。ただし、分析システムの中でも、マージナルコストがまだ高いIoTやAIの導入は、意見が割れるでしょう。

4 ◆ ３カ月で成功させるDXの例

　いまDXに取り組もうとしている多くの企業は、アーリーアダプターだと思います。あるいは、アーリーマジョリティの一部も取り組み始めているかもしれません。

　この節では、DXの取り組みを３カ月で成功させるDXについて考えていきます。もちろん、３カ月という期間で出せる成果は、企業活動全体をデジタル化、自動化することのほんの一部でしかありません。

　しかしながら、小さくても最初に何らかの成果を出すことは、全社がDX対策チームに対して見る目が変わり、その後の本格的なDXの動きに勢いをつけるということで、非常に大切です。

◆MA、SFA

　まずは、企業の収益をもっとも左右するマーケティングと営業についてみてみましょう。

　業種にもよりますが、多くの企業は、MA（マーケティング・オートメーション）とSFA（セールス・フォース・オートメーション）です。この２つは、潜在顧客を呼び込む流れをしくみ化（MA）し、潜在顧客を教育して自社の商品／サービスを購入してもらい、その後も良い関係を保ち続け、継続的に購入

してもらう流れをしくみ化（SFA）する、営業活動の自動化です。

　当然、完璧なものは3カ月ではできません。完璧なものを目指す場合、3カ月は企画立案だけで終わってしまいます。したがって、3カ月でまず行うのは、PoC（Proof of Concept：実証実験）に近いライトなものを想定しています。

　具体的には、どれか1つの商品／サービスだけを選んで試験的にオンラインでリード獲得から販売までを自動化していきます。これも、ゼロから作るのは大変なので、SaaSを活用します。

　さいわいなことに、SaaSのサービスによっては、無料もしくは非常に安い価格から始められるものもあります。ハブスポット（Hubspot）、チーター・デジタル、マルケトとセールスフォース（Salesforce.com）の組み合わせが代表的なサービスです。

　おそらく、3カ月でできるのは、SNSからリードを集めて、小さくとも最初の売上もしくは申込みを得るところまででしょう。

　ここから、さらに顧客をファン化させていくプロセスに拡げていく必要があります。あるいは、リードの集め方もより効果的にするために、コピーライトやデザインを見直し、チューニングをした後の結果を比べる、といった地道な改善が必要です。

　さらには、チャネルを広げていく、インサイドセールス部隊を導入するなど、完全なものにしていくには、2～3年かかります。しかも、ここで終わりというものはなく、継続的にチューニングしていくことになります。

　このように、3カ月でできることは、ほんの少しですが、それでも「自動化」の感覚をつかむという、とても大切な成果が得られます。

◆チャットボット

　チャットボットとは、LINEボットやFacebookのメッセンジャーボットのような、メッセージングアプリを使ったコミュニケーションを自動化したものです。上記の2つ以外にも、SkypeやSlack、WeChat、Telegramなどもチャットボットに対応したAPIを公開しています。

　これらは、コールセンターの負荷削減やIVR（音声自動応答装置）に対する顧客の不満の軽減という点で、顧客サポート用に利用されることが多いですが、

リードを獲得したり、メッセンジャーで商品やサービスを販売して決済まで完了したりすることもできます。

◆スマートフォンアプリ

　スマートフォンにダウンロードしてもらうアプリで、ほとんどの人が何らかのアプリをダウンロードして利用しているはずです。用途としては、さまざまです。

　たとえば、顧客に会員証代わりに使ってもらう、顧客専用ページを提供する、1ステップで予約ができる、飲食店の店内でメニューの表示から注文、テーブル決済、割り勘の精算まで行える、回数券やクーポンの提供、タイムセールのお知らせ、紹介制度など、顧客向けのアプリをつくることができます。

　そのほかには、バイトスタッフ向けのアプリや、店長などの管理者向けのアプリなどもできます。

　SNSやメッセージングアプリと組み合わせることで、相乗効果を生むことができます。

◆一連の業務プロセスを完結させる調整業務の自動化

　顧客からの質問やクレームに対して、コールセンターや営業担当が電話やメールで受け付けた内容を、その担当だけでは対処できない場合、管理職や他部署の担当に申し送りをするケースがあると思います。あるいは、契約書の稟議、社内決裁事項など、定まった順序で定まった部門や責任者間を回る業務もあると思います。人数の多い会議招集などで空き時間を調整するという業務もあります。

　これまでは、人間がこれらを管理してやってきたと思いますが、時折、どこかで忘れられて、いつまでも先に進まなかったり、そのまま忘れ去られて後日顧客を怒らせてしまったりすることもあったはずです。

　そのように、遅延したり、忘れ去られたりすることのないように、プロセスを自動化する方法として、ワークフローソフトなどがありましたが、それらは決して安くなく、設定も大変でした。しかし、最近では、Trelloといった無料で使えるWebサービスがあります。

使い方次第では、コールセンター業務のシステムにも使えそうです。これを使って、簡単な業務だけでも自動化してみてはいかがでしょうか。

◆RPAとプロセスマイニング

RPAは、ロボティック・プロセス・オートメーションの略で、普段われわれがパソコン上でやっている業務の中でも、単純なパターンで何度も行っている作業を自動化してくれるSaaSのサービスです。主に、企業にある複数のシステムのデータを使ってエクセルで加工したり、それをまた別のシステムに投入したり、メールの内容の決まった部分を抽出して、データベース化するなどの業務に最適です。

プロセスマイニングは、SAPなどのERPを基幹システムに導入している企業向けで、基幹システムのデータを利用して業務プロセスの流れを分析し、業務のボトルネックなどを発見するツールです。ここで判明したボトルネックをRPAツールで自動化すると効果的です。

◆マイクロサービスの活用

チャットボットやスマホアプリ、RPAなどを活用するにあたり、StripeやPayPalなどの外部の決済機能や、Facebook認証やLINE認証など外部の認証機能を使うことができます。あるいは、社内外のシステムとAPIを使ってデータを受け渡す機能を流用することも、比較的カジュアルに始めている企業があります。

これらのマイクロサービスを活用することで、開発が不要になり、時間と費用を大幅に節約できるようになります。

たとえば、アマゾンのAlexaやグーグルホームのようなスマートスピーカーや、Google Drive、天気予報などと、チャットボット、スマートフォンアプリ、RPAはJSON形式のAPIを使えば簡単に接続できます。

このようなAPIのマーケットプレイスもあります。Zapierが有名で、登録されている750種類以上のマイクロサービスを組み合わせて、オリジナルのアプリを作成できます。これまでは、エンジニアがひとつひとつ開発しなくてはできなかった連携が、Zapierに登録されているサービスを選ぶだけで、連携がで

きるようになりました。

　Zapierでは、このような連携の他に、FacebookなどのSNS、ワードプレスのようなCMS（コンテンツ・マネジメント・システム）を活用したWebページやブログ、MAやSFA、チャットボットやRPAと連携させることもできます。

第11章：アフターコロナのDX

　第4章で見てきたように、2020年に入ってからのCovid-19の流行の影響で、世の中が大きく変わる可能性があります。そして、これまで以上に業務やサービスのデジタル化が求められるようになりました。

　すでにDXに取り組み始めている企業も、これからDXに取り組もうとしている企業も、感染症対策という新しい観点で、DXに求めるものや、優先順位が変わるかもしれません。本章では、感染症対策という軸でDXへの取り組みを考えていきます。

1 ◆ 顧客接点のデジタル化

◆いざというときにために、デジタル販売手段を用意しておく

　今回、感染症対策による経済の落ち込みの中でも、大きく売り上げを伸ばしている企業は、生活必需品を販売するメーカー・卸し・小売店と、オンライン通販やデジタルコンテンツを販売している企業でした。

　前者については、薬局やスーパー、ホームセンターなどですが、一方で店員の感染リスクが高まるという課題が見えています。

　一方で、後者が意味していることは、顧客接点をデジタル化することで、顧客は家から一歩も外に出ることなく消費活動ができるということです。そして、従業員も感染リスクに曝されません。

　このことから、アナログな顧客接点がすべてなくなるわけでもなくせるわけでもありませんが、顧客接点をデジタル化できるかどうかが、今後来ると言われている第二波、第三波や、新しい感染症によって外出が制限されたときでも、売上を上げ続けられるかどうかを左右するといっても過言ではなさそうです。

　では、顧客接点をデジタル化するためには、具体的にどうしていけばよいでしょうか？

　最初に考えられるのは、ネット通販に対応することです。それも、パソコン

とスマートフォンの両方に対応するのはもちろん、スマートフォンの中でも
iPhoneアプリやAndroidアプリ、LINEやFacebookなどのメッセージングアプ
リを使ったチャットボット、電話による注文など、なるべく多くのチャネルを
用意するのが望ましいでしょう。

　これは、物理的に店舗を持って営業している企業も同じです。たとえば、スー
パーであっても、ネットスーパーを用意して、顧客をネットスーパー経由での
購入に誘導することで、従業員の感染リスクを減らすことができます。

　飲食店も、店内でのサービス提供に比べると微々たる売上かもしれませんが、
テイクアウトや配送メニューを増やすことによって、なんとか苦境を乗り切ろ
うとしていた店舗は数多くみられました。

　もちろん、課題はあります。そのひとつは宅配料金です。飲食店であれば、
出前やUberイーツのようなサービスを利用する際に余分なコストがかかりま
す。そこで、通常は店舗で商品を販売し、サービスを提供するのを中心に据え
つつも、今回のような外出規制が起こった時のために、デジタル販売手段を作っ
ておくことをお勧めします。

　一方で、いくらデジタル販売手段を用意していたとしても、いざというとき
に顧客に認知されていないのでは、あまり効果は望めません。来店者数が減っ
た分の売上をオンラインで補うためには、日頃からデジタル接点を持っていな
くてはなりません。

　これについては、下記のような手段で、顧客と継続的に関係を取り続ける必
要があります。

・SNS（Facebook、LINE、Twitter、Instagram、YouTubeなど）
・スマートフォンアプリ

◆SNS、スマートフォンアプリをどう工夫するか

　SNSでは、継続的にコミュニケーションを取り続けるための工夫が必要にな
ります。顧客が店舗とコミュニケーションを維持したいと思うようにするため
には、どんな施策が必要かを常に考えて実践する必要があります。

　たとえば、店舗の営業時間などの情報は必要ですが、それだけでは、通常は

誰にも関心を持ってもらえません。タイムセールのお知らせやクーポンの配布のように顧客に興味を持ってもらえるようなしかけが必要です。

アプリも同様です。スマートフォンアプリは、ダウンロードしてもらったとしても、使われないと、ダウンロードしたことすら忘れられてしまうことがあります。また、スマートフォンの容量を気にして、削除されてしまうこともあります。

アプリこそ、頻繁にアクセスしてもらえるように、ポイントの残高確認と利用など、顧客にとって頻繁にアクセスしたくなるようなしかけが必要です。これは飲食店が有利で、メニューから注文、支払と仲間内での割り勘までを専用アプリで完結することができれば、来店のたびにアクセスしてもらえるようになります。

物理的な小売店については、レジでの従業員の安全を守るために、AmazonGOのような無人店舗の導入を検討する手段もあります。すでに一部のスーパーやコンビニでは、セルフレジが導入されていますが、不正が起こらないようにICタグを商品に付けたり、顔認証システムを導入したりすることも検討の余地があります。

もうひとつの顧客接点は、コールセンターです。コールセンターでは、電話受注や電話での問い合わせ、クレーム受付などの業務を行いますが、通常はセキュリティーの観点からコールセンターは専用のビルに受付の人たちが集められて、自動的に振り分けられた受電に対して、1件ずつ応対しているところを、在宅でも受付ができるようにすることにより、従業員を感染リスクから守ることができます。

コールセンターでは、問い合わせ、受注、クレーム受付などの受電をオペレーターが応対するのですが、これらを電話だけでなく、FacebookやLINEのチャットボットに誘導することで、コールセンター業務をデジタルで完結することも可能になります。

これは、単にオペレーターの人件費を減らす効果があるだけでなく、顧客がどのような目的で問合せをしているかなど、顧客の要望をデジタルデータとして取り込むことができる効果もあります。

2 ◆ デジタルマネー対応

◆パッケージシステムやSaaSを利用するという手も

　顧客接点とも大きく関わってくるのですが、デジタルマネー対応も検討に値します。デジタルマネーとは、いわゆる電子マネーと言い換えてもよいかもしれません。Covid-19の流行より前の2019年から国が積極的に導入を呼びかけているものでもあります。

　一方で、感染症リスクを防ぐという観点でも、非接触による決済が可能になれば、現金を媒介した感染を予防する効果が期待できます。

　小売店や飲食店のように、これまで現金商売をしてきた企業の多くは、PAYPAYやLINEペイなどに対応していると思いますが、さらにこれを一歩進めて、スマートフォンアプリ化することをお勧めします。

　たとえば、商品のQRコードを自分で読み取ってもらい、PAYPAYやLINEペイで決済してもらえれば、無人レジがなくてもAmazon GOのようなことができるようになります（もちろん、万引きなどを防止するためのしくみは別途必要です）。顧客はレジに並ぶ必要はなくなりますし、利用を普及するためにQRコードを自分で読み取ってくれたお客様に割引やポイント２倍、クーポン配布などの特典を付けることもできます。

　アプリ化するメリットは、それだけではありません。たとえば、プリペイドカードのようなこともアプリで実現することができます。

　プリペイドカードは、独自の電子マネーとして導入することも可能です。独自の電子マネーとして、クレジットカードやLINEペイなどからアプリにまとまった金額をチャージすることで、数％のプレミアムを付けてはどうでしょうか？

　この電子マネーは、自店舗での支払のときに、利用できます。支払手段を、ポイント、独自電子マネー、その他（クレジットカード、PAYPAY、LINEペイなど）の順に併せて利用できるようにすれば、顧客にとってのメリットは大きいと思います。

　大手チェーンならともかく、個人商店や個人の飲食店が、独自のアプリを持

つのはお金がかかり過ぎるかもしれません。その場合は、パッケージシステムやSaaSを利用することも考えてはいかがでしょうか？

　独自電子マネーも商店街や地域で一体となって導入すれば、地域通貨として利用することが可能になり、地域全体の経済を盛り立てられると同時に、顧客にとっての利用価値も上がります。

3◆営業の完全デジタル化

　顧客接点のデジタル化が可能なのは、B to C（消費者向けビジネス）だけではありません。B to B（法人向けビジネス）もデジタル化は可能です。

　デジタルマーケティングとインサイドセールスを行うことで、客先訪問を大幅に減らせるようになります。そして、法人顧客がZoomやTeamsなどを利用することに抵抗がなければ、次ページ図のプロセスのように、クロージングまでをデジタルで行うことが可能になります。

　では、そのプロセスをひとつひとつ順を追って説明します。

　デジタルマーケティング（デジマ）とは、インターネットを使ったマーケティングの総称です。

STEP 1

　まず広告でWebサイトに誘導したり、SNSからオウンドメディアに誘導したりすることによって、認知してもらいます。またウィズコロナ、アフターコロナで急速に拡がっているオンラインイベントを開催することで認知を拡げることも注目され始めています。

STEP 2

　次に、興味のある人からメールアドレスなどの連絡先をもらいます。これには、たとえばWebサイトやオウンドメディアで、オンラインウェビナーの通知をして、興味を持った方に詳細ページに誘導し、無料ウェビナーの参加申し込みをしてもらうのです。このときに、メールアドレスのような連絡が取れる情報を得ます。

STEP3

　そして、無料ウェビナーや、その後の情報提供メール（何度かに分けて配信するステップメールがよく使われます）で、潜在顧客の自社商品／サービスに対する興味を育成していきます。毎回のステップメールに、商品／サービスをより深く理解できる映像のリンクを付けておくとよいでしょう。

　このSTEP1から3までをデジタルマーケティングと呼びます。

STEP4

　育成プロセスを一通り終えた見込客について、営業をかけてもよさそうかの

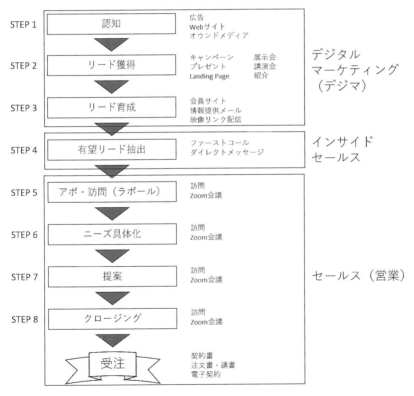

図：デジタルマーケティングとインサイドセールス

探りを入れるために、ダイレクトでメッセージを送ったり、メールを送ったりします。ここまでに電話番号が聞けていれば、直接電話するのもよいでしょう。

このSTEP4をインサイドセールスと呼びます。インサイドセールスの目的は、リードの中から契約に結びつく有望なリードを抽出することです。

STEP5

STEP4で良い反応をもらえたら、次はアポ取りをして客先に訪問します。コロナの影響でテレワークを経験した顧客なら、Zoomを使ったビデオ会議でもよいという顧客は少なくないでしょう。ここでは、まずはお客様とラポールを築くことが一番重要です。

STEP6

ラポールが築けたら、次はお客様の話を詳しく聞きましょう。自社の商品／サービスに関心を持った理由から、お客様が抱えている課題や期待などを聞き出し、ニーズを具体化することで、次の提案フェーズにつなげます。

STEP7

提案フェーズでは、STEP6で聞き出したニーズに対するソリューションの提案を行います。提案は、1回で済むと考えないほうがよいでしょう。1回目の提案でお客様の要望に応えられているかどうか、ご意見をいただきながら、2回目、3回目の提案で徐々にお客様の要望に合わせていきます。

STEP8

提案内容についてお客様に賛同いただけたら、次は金額などを含めた諸条件を詰めてクロージングします。

STEP5から8までは、通常の営業活動ですが、これらを訪問せずにZoomやTeamsなどのビデオ会議サービスを使って行うことで、すべての営業活動をデジタル化することができます。

4 ◆ 宅配・パート管理のデジタル化

◆人材確保はクラウド・ソーシングという手も

覚えているでしょうか？

ビフォー・コロナの世界では、飲食店でもコンビニでも、そして宅配業界でも、仕事の担い手が圧倒的に不足していました。

外出自粛時は、世の中の多くの場所で仕事場がなくなった人が多数いたために、バイト仕事自体が激減したことが社会問題になったものの、外出自粛が解け、経済が徐々に以前の活気を取り戻していくと、また人手不足になることは容易に想像ができます。

一方で、これまで見てきたように、今後ふたたび同じような外出自粛の日々が訪れたときのために、顧客接点のデジタル化が進むと、その時には宅配や出前の数が今回の何倍にも急増することが予想されます。

そのような時に、すぐに配達要員が見つかるように、そして普段の慢性的な人手不足の状態でもバイトの手配や管理が行えると、助かるのではないでしょうか？

こういったバイトの募集を行う方法は、以前はアルバイト情報誌で、いまではマイナビバイトなどのインターネット上のサービスに記事を出して、応募してきた人たちを面接して決めていると思います。

これからは、さらに必要な経験やスキルを持った人材ニーズにスポットで応えてくれるクラウド・ソーシングという仕組みを使って要員募集を行うことも考えられます。

クラウド・ソーシングとは、仕事の依頼主と受注者のマッチングと、受発注から報酬の支払までを完結できるサービスです。

代表的なのは、クラウドワークスやランサーズで、システム開発や運用、WEBデザインや制作、翻訳、コピーライト、記事作成、データ入力、事務作業など、たいていは在宅でできる仕事が中心ですが、配送スタッフの募集に対して、ひとつ登録すれば、複数の仕事が紹介されるようなマッチングサイトも出てくるでしょう。

そういったサービスがマイクロサービス化していれば、短期バイトの募集からZoomでの面接日時調整、採用・契約、バイトへの教育、労務管理、報酬支払という全プロセスを、デジタル化できるようになります。

バイトはスマートフォンにアプリをダウンロードしておけば、ちょっとした空き時間に入れられる仕事をいつでも探すことができます。報酬の支払もデジタルマネーに変えることで、バイトへの振込手数料を節約できるようになります。

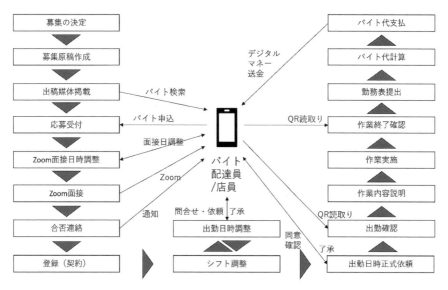

図：アルバイト採用〜管理プロセス

5◆社内オペレーションのデジタル化

社内オペレーションのデジタル化を進めると、結果的にテレワークが可能になります。ただし、その場合には、前述したように評価制度への変更が求められます。

社内オペレーションは、大きく収益部門の業務と、管理部門の業務に分けら

れます。収益部門の業務は、さらに、サプライチェーンのプロセスを滞りなく進める業務と、業績を集計・分析し、改善策を検討して、契約先や契約条件を変えたり、システムを更改したり、あるいは新商品・サービスを企画・開発するといった業務があります。

　サプライチェーンのプロセスは、オンライン通販（EC）システムを含めて、ほとんどが基幹システムにデータが記録され、処理が行われていると思います。業務は、これらのシステムの管理画面にログインして、新たな契約や資産の異動などの処理を進めていることでしょう。

　ただし管理画面に社員の自宅などのオフィス外のネットワークからログインできるようにするためには、セキュリティ上の対策が必要となります。

◆業績分析・企画業務のデジタル化

　たとえば、通販において、在庫の動きを見て、在庫が切れそうな商品や売れ行きのよい商品など、発注する商品を決めて発注する業務のデジタル化を考えてみましょう。

　通販システムから受注データや在庫データをエクセルに落とし、意思決定がしやすい形に加工して、定形的に追加発注したり、上長の承認を得てから発注したり、といった業務があります。

　そういったシステムの中にあるデータをダウンロードして、エクセルやGoogleスプレッドシートに吸い上げて、分析・考察する業務は、人間が行う必要があります。

　ただ、そこで分析した結果、何らかのアクションを導き出したとき、それに対する上長の承認を取るフローは、電子メールでもできますが、Torello、Kintoneなどで簡易的に開発されたシステムで行うことで、コンプライアンス（漏れやミスを失くしたり、監査証跡を保存したりすること）が守れます。さらに、承認済のデータをエクセルやGoogleスプレッドシートから、仕入先に発注されると、大幅に手間がなくなります。

　なお、商品の発注業務は、企業の商品仕入れルートによってさまざまですが、FAXを廃止し、メール、仕入先のウェブサイトだけにすれば、メールにスプレッドシートを添付して送信したり、スプレッドシートのレコードをウェブサイト

に一件ずつ登録する作業をRPAにやらせたりすることで、自動化することが可能になります。

◆管理部門の業務や手続きのデジタル化

　収益部門のスタッフが、人事手続きや確定申告書の予備資料提出、経費精算や備品発注などを管理部門に申請する手続き業務は、すべてWebサービス化するのが理想です。

　領収書なども原票を管理するのでなく、スマートフォンのカメラで撮影した写真データをアップロードしてもらう形にすれば、誰も出社しなくても処理ができます。写真よりもPDFファイルのほうがよいのですが、社員全員に自宅で使えるスキャナを配布するのは現実的ではなさそうです。

　管理部門の業務は、そういったデータをチェックして、上長の承認印をもらい、人事システムや経理・会計システムなどの基幹システムに入力・編集する事務処理がほとんどだと思います。

　申請されたデータを、確認・承認する業務をTorelloやKintoneなどで簡易的に開発されたシステムにAPIで連携し、さらにそこで承認されたデータをRPAなどで基幹システムに入力するというふうにすれば、在宅だけでなくシステム間の転記の手間と転記ミスがなくなります。

◆社内・社外のコミュニケーションは、クラウド型の会議システムを使う

　今回の自粛要請によるテレワークで、あるいはプライベートのオンライン飲み会などで、ZoomやTeamsを使った経験のある方は、劇的に増えました。これらのクラウド型のコミュニケーションに皆が慣れることによって、自粛要請が終わった後も、こういった形の会議はますます増えるでしょう。

第四部
成功と失敗の境目

第12章：正解のない未来を創る

◆未来を予知できる人とは

　最後に、DXの成功と失敗を分けるものについて、まとめました。これからの10年は、これまでの30年とはまったく違う世界になります。あなたが、これまで積み上げてきた知識や経験は、もしかしたら役に立たないどころか、これからの失敗の原因になるかもしれません。

　コロナの前と後とで、世の中が変わるだろうことは、多くの方が感じていることだと思いますが、このような明確なパラダイムシフトが、今後10年の間に次々と起こります。

　DXの成功とは、企業が10年後に競争優位を保持しながら、新しい世の中に価値を提供していることです。失敗とは、10年後に企業がないこと、あるいはこれからDXに取り組もうとしているあなたに仕事がなくなることです。

　もちろん、短期的には、社内のDXプロジェクトの意義が認められて、全社的な動きになることが成功とされるのかもしれません。あるいは、既存事業の売上を減らさずに、少しでも多くの部分をデジタル化することが成功とされるかもしれません。

　パラダイムシフトが起こっている時、正解は誰にも分かりません。未来を予知することは、あるタイプの人を除けば、誰にもできません。未来を予知することができるとすれば、それは予知した未来をみずから創り上げることです。みずから未来を創り上げていけるタイプだけが、未来を予知できます。

　では、みずから未来を創り上げていくためには、どうしたらよいでしょうか？

　未来は予知できないと言いましたが、ある程度は予知できます。それは、第一部で書いてきたように、時代が大きく変わっているということです。どのように変わっているかというと、次のように変わってきています。

・いくつものテクノロジーの進化が、世の中を大きく変える。それは、第二次

産業革命で、電気や電話、自動車が世の中を変えた以上の変化になる。

・これまでの産業の境目はなくなり、新たな産業の境目ができる。たとえば、自動車産業は、製造業でなく移動サービス業が中心となり、自動車はロボットの一種として認識されるようになる。

・グローバル企業TOP3社が、市場の90%を握る。

・SDGsに定義されているグローバル社会課題を解決する企業に、人もお金も集まる。

・いつ感染症が発生しても経済的な打撃を受けないように、ビジネスはデジタルで動くようになる。

・デジタル中心社会では、国境はほとんど意味がなくなる。意味があるとしたら、物理的な人とモノが物理的に移動するときだけ。

このように変わっていくのは、確かです。ただし、その詳細やいつ何がどういう形で起こるのかは、誰にも分かりません。この新しい未来の中で、何をすればグローバルTOP3になれるのかも、正解はありません。しかし、大まかにこれをやっておくべきというものはあります。以下に、そのうち4つについて紹介します。

1 ◆ 時代の流れを捉える

先に述べたように、時代は大きく変わっています。しかし、その詳細、つまり何がいつどう変わるのか、それが世の中や個々人に与えるインパクトは何なのかについては、自身で想像し、創り上げていくしかありません。

それをするには、下記の3つを常に頭に入れておいた上で、それらが戦略的にどのような影響をもたらすかについて、常日頃から考えておく必要があります。

・テクノロジー

・SDGs

・感染症対策

2 ◆ 新しい世の中を創り出したものが、多くを手に入れる

次に、新しい世の中で生き残るためには、その世の中で必要とされる価値を提供していなくてはなりません。10年後の世の中で、誰にどのような価値を提供するのかについてのビジョンを持っている必要があります。そして価値を提供するだけでなく、新しい時代で新たな習慣を作り出すことができれば、さらに成功に近づくでしょう。

この新しい価値を提供する企業は、できればスタートアップが理想的です。産業の垣根がなくなるときに、既存のブランドが邪魔するということもありますが、何といっても身軽でスピーディーに動けるからです。

グローバルでの競争に勝つには、ハングリーでなくてはいけません。そして、スタートアップが生き残れるのは、10社に1社以下と言われていて、成功するスタートアップとなると、さらに少ないことを認識しなくてはいけません。

既存企業は、スタートアップを育て上げ、育っていくスタートアップの背中に乗って、新しい世の中で価値を提供していくのが理想です。そのとき、自社で独占することはせず、資金を1社に集中させるよりも、何十社に分散させましょう。

3 ◆ 未来が見えないなら、既存事業の完全デジタル化を目指す

もし、よく分からない未来に資金を投じる余裕がない場合には、既存事業を可能な限りデジタル化して、チャンスを待つという方法もあります。完全なデジタル化ができれば、オペレーション自動化も実現できます。そうすることにより、オペレーションコストを最小にすることができ、コスト競争力がつきます。これは、既存の事業を延命することにつながります。

デジタル化の効果は、コスト競争力の上昇だけではありません。前述したように、デジタル化のメリットは、少なくとも次の9つはあります。

①オペレーション自動化

②複製し放題

③距離を超える

④時間の壁を超える

⑤質量がなくなる

⑥誰もが持てるようになる

⑦無料に近づく

⑧大量なデータを高速処理

⑨すべての経験を集約できる（高速学習）

　オペレーションを完全自動化することができれば、その企業の事業は、これらの9つの力を持つことになります。それが、どのような新しい価値を提供できるようになるのか、考えてみるのもよいでしょう。

4 ◆ 継続的な知識のアップデートをする

　時代が大きく変わっている中で、何がいつどう変わるのか、世の中に与えるインパクトは何なのかについて、自身で想像し、創り上げていくしかないと先に書きました。

　世の中は常に変わっていますが、それと同時に、テクノロジーも常に進化しています。どのテクノロジーが実用化されたのか、それが手に届く価格になり、さらには限界コストがゼロになるのはいつなのか？

　そういったことは、常に情報を追いかけていないと、他社に先駆けてそのテクノロジーを前提とした価値を提供したり、そのテクノロジーを前提とした効率の良いオペレーションを実現したりできません。

　また、他社が何をやっているのかというのは、協業の可能性を探るのに大きな意味を持ちます。同じ世界を実現しようとしている企業であれば、業種や提供しているモノが異なっていても、一緒にエコシステムを構築して同じ世界を創り上げていけるかもしれません。

　そういった同業他社のみならず、異業種の企業との交流は、とても重要になってくるでしょう。

おまけ：DX ミートアップのご案内

DX ミートアップに参加しませんか？

今年に入り、DX 関連部署を立ち上げはじめた企業が増えていると実感しています。また、多くの企業で、新型コロナウィルスの流行により、テレワークや営業チャネルのデジタル化への取り組みが急務になっていると思います。

そんななか、本書を手に取っていただいたということは、DX に取り組むにあたり、「どこから手をつけてよいのか？」、「どこを目指していけばよいのか？」、「何をしなくてはいけないのか？」等さまざまな課題を抱えているのではないでしょうか？

本書をお読みいただくことで、少しでも課題や悩みが軽減されることを願っておりますが、現実はそんなに簡単ではないと思います。

DX に取り組むにあたって、実際に直面する課題をどう解決すべきかについて、同じような状況にいる人たちの意見を聞いてみたいという方は、少なからずいると思います。

そこで、DX に取り組むにあたって抱えている共通の課題や、それに対する取り組み状況を共有できる場を作りたいと思います。

DX に興味をお持ちの方、DX を実践されている方、これから実践しようとしている方を対象に、月に 1 度くらいのペースで、ミートアップを行います（コロナの流行がひと段落するまでの間は、オンラインでの開催が中心になると思います）。

まだ、詳細は未定ですが、Zoom や Remo を用いたオンラインイベントを開催する予定です。ご興味のある方は、下記 URL または QR コードから、必要事項を記入してご登録いただけますと、ミートアップのご案内をお送りさせていただきます。

https://forms.gle/RDGcmj9m9YmjapyM6

［著者略歴］

兼安暁（かねやすさとる）

米国系コンサルティングファーム、ベンチャー企業、一部上場企業を経て、フリーのコンサルタントとして独立。日本で最初に基幹システムをLINUX上で導入。Tポイントの立ち上げに、リードアーキテクト兼システム総責任者として貢献。小売流通、貿易、物流、製造、エネルギー、コミュニケーション、造船、金融、不動産、IT、製薬、農林水産業、旅行業、メディア、通信、EC、航空宇宙など、あらゆる産業を経験。2016年より、Fintech、Retechを中心に起業支援。米国、東南アジアで事業を自ら立ち上げ中のものも含め、これまでに200以上のDX案件に携わる。著書に『イラスト＆図解でわかる DX（デジタル・トランスフォーメーション）』（彩流社）がある。

Sairyusha

成功する<ruby>DX<rt>せいこう</rt></ruby>、失敗するDX
形だけのデジタル・トランスフォーメーションで
滅びる会社、超進化する会社

二〇二〇年八月二十五日　初版第一刷

著者　　　　　兼安暁

発行者　　　　河野和憲

発行所　　　　株式会社　彩流社
　　　　　　　〒101-0051
　　　　　　　東京都千代田区神田神保町3-10大行ビル6階
　　　　　　　TEL:03-3234-5931
　　　　　　　FAX:03-3234-5932
　　　　　　　E-mail:sairyusha@sairyusha.co.jp

印刷　　　　　モリモト印刷(株)

製本　　　　　(株)難波製本所

装丁・組版　　中山デザイン事務所

©Satoru Kaneyasu, Printed in Japan, 2020
ISBN978-4-7791-2688-8 C0033
http://www.sairyusha.co.jp